名师名校名校长

凝聚名师共识
回应名师关怀
打造名师品牌
培育名师群体

　　　　　　顾明远题

小学语文

读写联动教学策略研究

邱新瑜 著

陕西师范大学 出版总社 西安

图书代号 JY24N2304

图书在版编目（CIP）数据

小学语文读写联动教学策略研究 / 邱新瑜著.

西安：陕西师范大学出版总社有限公司，2024.11.

ISBN 978-7-5695-4879-2

Ⅰ．G623.202

中国国家版本馆CIP数据核字第2024TF6459号

小学语文读写联动教学策略研究

XIAOXUE YUWEN DUXIE LIANDONG JIAOXUE CELÜE YANJIU

邱新瑜 著

出 版 人	刘东风
出版统筹	杨 沁
特约编辑	李东震
责任编辑	赵南南 于立平
责任校对	王 越
封面设计	言之凿
出版发行	陕西师范大学出版总社
	（西安市长安南路199号 邮编 710062）
网 址	http://www.snupg.com
印 刷	北京政采印刷服务有限公司
开 本	710 mm×1000 mm 1/16
印 张	16
字 数	222千
版 次	2025年3月第1版
印 次	2025年3月第1次印刷
书 号	ISBN 978-7-5695-4879-2
定 价	58.00元

读者使用时若发现印装质量问题，请与本社联系、调换。

电话：（029）85308697

序 言

　　邱新瑜老师的书稿《小学语文读写联动教学策略研究》，让我给写个序。我通读了共分为四部分的全部书稿，有感而发，写下以下文字。

　　语文学习或学习语文不外乎是听、说、读、写、用五件事，即学听、学说、学读、学写、学用。学好了有用，学好了会用，学好了能用，学好了能用好、用妙，此乃幸事也，所以五件事的落脚点叫语用。读与写是小学语文学习中非常重要的两个基本学习内容，是小学语文学习需要掌握的两个重要技能，也称基本功。西汉文学家扬雄早就指出"能读千赋，则能为之"。现代语文大家叶圣陶先生曾经说过："阅读是吸收，写作是倾吐，倾吐能否合于法度，显然与吸收有密切的联系。"常言道："读书破万卷，下笔如有神。"我早年在江西省万安县教初中语文时就总结了语文学习的四句话："字词句段篇章法，音形义韵构转联，听说读写谋引申，品议讲练谈心得。"毫无疑问，读是写的一个基础，写对读也有促进作用。这里体现了心理语言、口头语言和书面语言的关系。可见，阅读写作密不可分，读写联动意义巨大。

　　读写结合是指在阅读的基础上进行写作练习，通过写作来巩固和运用所学的知识。读写结合是一种有效的学习方法，不仅可以提高语言表达能力，还可以加深对所读内容的理解记忆和认知升华。基于语文学科的人文性特点，读写教学不仅本身要注重相互渗透，还可以和许多非语言类学科有机结合，与学生的实际生活有机结合起来，从而实现读写结合教学的"人文化""社会化"目标。

　　《义务教育语文课程标准（2011年版）》将语文课程定性为"一门学习语言文字运用的综合性、实践性课程"，提出语文教学中要做到人文性和工具性的统一。这就要求我们在阅读课上不仅要做到对文本的字词句义等有情感的体验和价值观的树立，还要有对语言文字的感悟（语感）、品读和运用，这里包括对字、词、句、段、篇的理解层面。阅读有助于语言文字表达上的迁移（包括口头表达迁移和书面表达迁移），对文章的结构和文体的教学均有意义；阅读，尤其是兴趣阅读还具有休闲和放松大脑的意义和"想入非非"的联想价值，因为毕竟语言词汇是"思维的外壳"。阅读教学与写作紧密结合起来意义巨大，有利于学生语文素养的形成。

以上是我对"读写联动阅读教学"意义的一点认识，说明邱老师关于小学语文读写联动阅读教学系统而持久的研究是有意义、有价值的。

邱老师的课题围绕着"小学语文读写联动教学策略"进行研究，突出从综合性学习方面诠释了小学语文读写联动教学过程中"关于课内外读写结合的三个策略"，总结并反思了语文综合性学习"搞小发明，写小发明论文"学科融合案例，还通过沉浸式生活实践而创作关于语文综合性学习"春节习俗面面观"的案例反思。这些课题研究及其实践夯实了小学生作文"基本功"，尤其是使中年段的学生比较顺利地跨越了习作鸿沟；小学语文阅读教学中教学策略的变革、综合性学习活动的开展、语音语义语感的训练、语言语句语篇的积累和运用、读写结合和情感体验主旋律的驱动，提高了学生的语言能力、写作能力、语感表现和语文素养。邱老师通过系统研究和总结提炼，撰写了《统编教材课内外读写结合的三个策略》《夯实小学生作文基本功的策略》《小学语文阅读教学中语言积累和运用的策略》等十多篇教研论文。

邱老师始终围绕着"实施发展性教学评价，促进学生自我发展"这一主线，充分发挥评价的功能，落实语文教学有效性的策略，注重在教学中培养学生的创新意识，促进了语文课堂教学质量的提升。尤其是通过教学设计、研学案等方面的创新研究，在其教学实践中总结提炼了一系列有价值的有效策略，诸如"读写联动，形成图式""字斟句酌，掌握秘诀""对比阅读，迁移写法""聚焦经典，感受特点""品味语言，习得方法""读中知艰，品中知险""铭记历史，学写感想""品词析句，感悟启示""读中学写，以写促读""积累素材，丰富想象""抓准诗眼，感悟诗境""创设情境，内化语言"等。

最后说说小学生语文读写练习设计和学生作品。小学三年级基本完成学会阅读的任务，四年级开始将阅读作为一种学习工具，并通过阅读获得某一特定领域的具体知识，为写作奠定基础，而这一过程正是阅读教学的主要任务。这个过程包括了对字词句段，乃至整篇文章的理解和掌握、解释和评价、写作和创造等。这一过程主要有比喻、排比、拟人等修辞层面的仿写；有改写故事、留白补充、续编故事等理解层面的仿写；还有从阅读学习的层面过渡到语言表现的多个层面，指向写作能力生成发展的仿写，主张创造性地模仿写作；还有以培养语言运用和语言表达能力为重点的写作教学，大部分是从阅读中引发写，通过模仿来提高学生写的能力；还有的强调通过读与写进行跨学科的学习。写作一般是"为了学习而写作"，或者是"以写促学"，即写作介入阅读，"写作基于阅读"。总之，听说读写能力的培养是小学语文课程的基本目标。

纵观全书，关于小学语文阅读教学中强调"读写结合，读写联动""以读促写，以写促学"等观点及其经验做法都符合现代时代背景和发展方向，符合新时期小学语文新课程标准。希望日后的小学语文教学进一步深入学习和领会新课程标准，并在新课程标准指导下，借鉴和继承中华优秀传统文化，不断推陈出新，有所发展，有所创新，探索符合小学语文教学规律的读写联动方式方法、策略手段和路径，以此来提高语文教学效果，提高小学生读写能力。

广州市人民政府督学暨市级责任区督学

广州市教育研究院原副院长、正高级研究员

广东教育学会粤港澳大湾区教育协同发展专委会副会长

傅 荣

二〇二三年十一月一日

目 录

第一篇 "读写联动"教学研究

第二篇 "读写联动"教学策略

第三篇 "读写联动"教学实践

第四篇　"读写联动"专项练习

第一篇

"读写联动"教学研究

本篇包含两部分内容：第一部分是笔者主持广州市教育科学"十一五"规划课题时撰写的研究报告；第二部分是笔者在多年前做课题研究时撰写的两个案例与反思。虽然这两部分内容相隔十多年，但殊途同归，都是通过小学语文读写联动的教学策略研究，探索出在语文教学中既让学生学会理解文本内容和表达的方法，又能提高学生语言表达和运用能力的策略。

"小学语文读写联动教学策略研究" 课题研究报告

一、研究的背景与意义

（一）问题的提出

1. 从读和写的关系看

早在西汉时，著名的辞赋学家扬雄就曾从写作的角度，最先提出了阅读与写作的关系。他在《答桓谭书》中写道："能读千赋，则能为之。"从中启发学子，阅读对于写作发挥了重要的作用。可见，两千多年前的古人已经认识到，大量阅读对于渐进为文是极其关键的。叶圣陶先生说："阅读是吸收，写作是倾吐，倾吐能否合于法度，显然与吸收有密切的联系。"我国从古到今的许多文学大师都认为，阅读是获取作文材料和写作方法的一种必不可少的非常重要的途径。学生要想写好作文，就需要从阅读中汲取思想营养，从语言材料和作文过程中学习各式各样的范例。

2. 从小学语文教学现状看

《义务教育语文课程标准（2011年版）》将语文课程定性为"一门学习语言文字运用的综合性、实践性课程"，并提出语文教学工具性与人文性的统一。近几年，语文教学在工具性方面的确有所改观，在阅读课上，不再只是情感体验、价值观的树立，还有对语言文字的感悟、品读和运用。但是，小学语文教学仍存在诸多不足。例如：阅读教学大部分停留在对字、词、句、段、篇的理解层面，缺少在语言文字表达方法上的迁移；对文章的结构和文体的教学仅仅是让学生大概地认识和了解；阅读教学没有和写作紧密结合起来。出现这些现象，其一是因为新课程标准对小学各个年段的读写目标描述比较笼统，所以教师在教学中实施起来难以把握。其二是因为教师对阅读与写作的关系认识不清，所以阅读教学和写作教学之间脱节，处于割离状态。这些都不利于学生语文素养的形成。

3. 从小学生的习作现状看

我们发现小学生作文存在几大问题：一是作文基本功薄弱，如作文语句不通，表达不清等；二是好多学生提起作文就头痛，没有养成仔细观察的习惯，没有掌握观察的方法，感觉无话可写；三是作文胡编乱造，出现"假、大、空"等现象。长期下去，离义务教育课程标准的习作目标会越来越远。

4. 从课标和教材看

《义务教育语文课程标准（2011年版）》吸收了新的思想，对语文课程的性质和特点作出了符合时代的定论，小学语文教材的部分篇章也进行了调整，汲取了符合时代特点的内容，但是教材本身具有自己的稳定性，存在一定的局限性。教材阅读与写作相结合的练习设计和写作方法的指导等资源有限，教材所呈现的阅读的文本与单元写作之间没有紧密结合。长期以来，我国小学没有专门的写作教材。写作教学内容依附于阅读教学，在语文教材中仅占很小的部分，每个单元的课文后只有一页内容来表述本单元的习作要求。学生从小学三年级开始学习写作，此为写作的起点，到六年级，4个年级，共8本书，如果把4个年级的写作内容用5号字打印在A4纸上，估计只有几页纸。写作教学内容欠缺，让基层的语文老师有序、有效地进行写作教学变得困难。

5. 从教师、学生问卷调查看

我们在开展课题研究前，在我校中、高年级进行了学生阅读和作文现状问卷调查，分别从阅读习惯和方法、观察习惯和方法、写作文的兴趣和方法三个维度设计了题目。从调查问卷分析结果看，学生虽然对阅读感兴趣，但是缺乏良好的阅读习惯，对生活缺乏观察，缺乏写作素材，写作上欠缺方法指导。这也充分说明，要改变语文教学策略，尤其是语文阅读教学策略，在阅读教学中对学生进行读写方法的指导和训练是非常必要的。

在研究前，为了解农村小学教师在语文教学中运用读写结合教学策略的情况，更好地对课题展开有效研究，特对广州市番禺区沙湾农村小学教师进行随机问卷调查。从这次调查可以看出，大部分农村教师意识到读写结合有助于提高学生的习作水平，但是在阅读课上使用读写结合策略的频率并不高。只有38.7%的老师有时能够在教学中进行读写结合训练，给学生留有课堂写作时间的老师占16.67%，这说明很多老师在读写结合训练方面缺少系统性和连续性。

（二）文献综述

1. 国外研究概况

从国外阅读教学研究看，阅读教学已经明显地从阅读学习的层面，过渡到了语言表现的多个层面，指向写作能力的生成发展。国外的读写结合研究，都强调通过读与写进行跨学科的学习。三年级基本完成学会阅读的任务，四年级开始，就将阅读作为一种学习工具，并通过阅读获得某一特定领域的具体知识，而这就成为阅读教学的主要任务。这个过程包括对整篇文章的理解、解释、评价等。写作多是"为了学习而写作"，或者"以写促学"，即"写作基于阅读"。

美国、英国、日本、俄罗斯等许多国家的国语课程以表达能力的培养为重点组织教学，教材主要是语言和语言表达教材，课时占总课时数一半以上。读写教学不仅本身相互渗透，还和非语言类学科有机结合，与学生的生活有机结合，努力实现着读写教学"社会化、人文化"的目标。

美国语文课程标准认为"真正的学习"，实际上是"读写结合"的学习。美国语文课程标准清晰地规定了"语言与思维"能力的策略："真正的学习来自阅读、课堂和讨论中的思考。"美国的语文课程是语言、阅读分科设置，其教材也是语言、阅读分开编写，各地区中小学使用的语文教材都不统一。语言知识教学主要应用知识来指导学生正确规范地运用语言，写作单元则向学生提供写作和听说训练的材料。阅读教学则是按照主题编排单元，强调阅读能力培养和技能教学。语言教材和阅读教材各司其职，教学任务比较明确，教师容易把握。虽然在教材上语言和阅读分科而置，但教学中的读写互动非常频繁。这不仅表现为其教学思想活跃，也表现为其母语教学中读写结合形式丰富多样。美国阅读教材中，课后都设有各种层次的写作练习，这种形态跟我们教材呈现的"阅读课文课后练习"十分相似，但值得深思的是美国的阅读教材课后表达练习题目所占的篇幅往往超过课文篇幅，而且提出的训练目标和内容都非常具体，教学时必须安排出足够的课时，保证这些练习能够正常进行。

2006年，上海师范大学教育科学学院叶黎明发表的《美国语文教材中的读写结合：借鉴与讨论》一文将读写结合这一传统经验同美国一部中学文学教材中写作练习的设计相融合，来分析读写结合在理念、方法和内容上可以相互借鉴的因素。其在论著中提出读写结合在形式上应该丰富多样，即"线性的、单一的一篇一练式"的读写结合应该改变为"立体的、综合的一篇多练式"的读写结合，而教师的主要任务就是帮助学生拓宽读写结合的"平台"，重点明确、步骤清晰地引导学生"读写提高"。

和大多数国家一样，听说读写能力的培养也是法国小学课程的基本目标。然而值得关注的是，法语课程大纲没有用"听说""阅读""写作"等语词来表达，而是改换成"口头语言实践""书面语言实践"这样的语词。从语义上看，这样的表达虽然也包含着"听说读写"的意思，但其中传递出一种十分明确的信息，即重视学生的语言实践活动。法语教学的语言实践中特别重视文学语言的学习，尤其是诗歌语言的学习，法语教学大纲明确将"诗歌学习"列入小学法语课程之中，在第三阶段的学习中还倡导小学生"创作诗歌"，形成班级的诗歌诗文选，深受小学生喜爱。

现代日本国语教学坚持"言语教育立场"，他们认为国语教育必须以学习语言为主要目标。日本教育家不否认"阅读"对提高学生语言表达能力的迁移作用，但明确提出用"读"直接替代学生的听说、写作训练是存在缺陷的，在说话和写作中根据具体情境对语言材料进行选择、提取、加工和组织的能力，只有通过更广泛的听说、写作等语言实践方式才得以实现。因此，日本国语教材强调"三领域一事项"，"三领域"是指"听说""写作""阅读"，"一事项"是指"语言事项"。这看似和我国语文教材相差不大，但日本国语教材中明确将"表达"的序列提至阅读前。"表达"细分为"听说和写作"，充分体现了日本"以表达为重点"的国语教学立场。

以上列举的美、法、日三国，地理区域不同，文化背景不同，意识形态也有很大差异。但在习作中重视观察、思维力的培养，重视激发写作兴趣，强调写作与阅读的"联结"却是它们异曲同工的地方。

2. 国内研究概况

笔者将"读写结合"输入"中国知网"学术期刊数据库，共有1569条记录。以"语文读写结合"为主题搜索学术期刊数据库，共记录178篇论文，其中小学语文读写结合有70篇。这部分的读写结合论文，其中有比喻、排比、拟人等修辞层面的仿写，有改写故事、留白补充、续编故事等理解层面的仿写，大部分是从阅读中引发写，通过模仿来提高学生写的能力。

1924年，著名语言文字学家、语文教育家黎锦熙出版了我国第一部系统完整、体现了民族特色的现代汉语语法著述《新著国语教学法》，提出了"缀法与读法的联络教学法"，主张以阅读课本为主，再由学生仿写、扩写、改写或编成剧本；高年级实行先写后读，低年级实行先读后写，以小学生喜爱故事的心理状态为出发点，提出了故事读法和写作相结合的教学方法，丰富了中国语文读写结合的研究。可以说黎锦熙"缀法与读法联络教学"的提法是"读写结合"概念的开端。

1942年，叶圣陶先生指出："阅读是'吸收'的事情，从阅读，咱们可以领受人家的经验，接触人家的心情；写作是'发表'的事情，从写作，咱们可以显示自己的经验，吐露自己的心情。"1965年7月17日，在一封信中，叶圣陶提道："三种口号（讲练结合，以练为主；讲读练结合，以练为主；读写结合，以用为主），我偏向第三种，即'读写结合，以用为主'。"如此，读写结合的概念和方法得到了较广泛的认可。

在20世纪80年代初到20世纪90年代，全国小学语文界学习和提倡的是特级教师丁有宽的读写结合法。他在《丁有宽小学语文读写结合法》一书中，提出读写结合五步训练，他归纳出记叙文读写的规律性知识"五十法"，实施了八轮小学段的"读写结合"试验研究。该试验研究最突出之处在于，关注了读与写之间的结合点。这些"结合点"主要是：读学解题与学拟题，概括段意与练拟写提纲，读学分段概括段落意与练拟写提纲，读学区别文章主次与练怎样安排详略，读捕捉文章重点段与练怎样突出中心，读学品评课文与练自改作文，读学作者怎样观察事物与练观察方法，等等。正是这些"结合点"，形成了丁有宽独具特色的、较为完整有序的读写结合教学体系。其中有些技巧和方法是值得借鉴的，但是以新时期的教育理念加以审视，其中也有不少需要改革与发展的地方。例如，二年级的学生要训练连续、并列、总分、概括四种句群，对二年级学生来讲难度大，要求太高，不符合新课标的要求。

随着教学的改革与发展，读写结合的教学实践探索和研究越来越深入。比如1986年徐开质先生在其《"三步十二式"读写结合教学法探索》一文中就强调了读写结合的深层规律，并主张在"读写"这个循环往返的过程中教师要充分挖掘课文"内在的"读写因素。他提出在语文教学实践中运用"编写导读提示""组织疑难讨论"和"模拟写作练习"三个步骤，并在这三个阶段使用"题审式""填空式""板书式""回答式""互发式""辨别式""点拨式""解答式""复述式""借鉴式""概括式"和"评论式"对学生进行启发引寻。他强调阅读教学和写作教学的同步进行，鼓励充分调动学生主动性，实现读写结合双向提高。

20世纪90年代末，上海的吴忠豪教授在他的《小学语文语言文字训练的探索》一书中总结了上海一些小学在5年里加强语言文字训练的经验和规律，他提出了学语言最重要的是运用语言的观点，主张在小学阶段，语文阅读教学要积累语言、理解语言、运用语言。他认为衡量学生是否掌握课文的语言文字，不仅要看理解，还要看是否积累，是否做到大量运用。其研究是针对每一篇课文需要掌握的词、句、听、说、读、写等来设计语言文字训练，包括组词、选择正确的解释、根据课文内容填空、改变词语说话、仿写句子等，从题目分析看，这些练习侧重于语言的理解和积累，较少涉及将单元模块的阅读与作文的读写有机地结合起来的训练。

在新课程改革时期，《义务教育语文课程标准（2011年版）》指出"语文课程是一门学习语言文字运用的综合性、实践性课程"。也就是说，字、词、句、段、篇的学习不能只停留在理解层面，要通过运用来掌握，在实践中提升能力。于是语文阅读教学比以前更加重视语言的运用。其间，新疆师范大学朱建军著的《语文课程"读写结合"研究：理论、标准与实践》主要探讨了中学的读写结合研究，提出了五种功能性写作概念："积累性写作""模仿性写作""学习性写作""评论性写作"和"探究性写作"。他针对中学语文教材编制的四类"选文"的四级阅读技能与四级写作技能，及其五种功能性习作进行了详细分析。他提出的读写结合策略适合中学生，小学生的逻辑思维和抽象思维水平达不到，但其中的一些理念、观点比较新，个别读写结合的策略是可以借鉴的。

纵观不同时代关于读写结合的观点和经验做法，它们都符合当时的时代背景，符合国家出台的教学大纲，是值得借鉴的。在新的时代，新的课程标准指导下的新教材的教学，应该在借鉴、继承的基础上有所创新，在实践研究中探索符合一定区域学校实际情况和教材特点的读写联动方式，以此来提高语文教学效率，提高学生读写能力。

（三）理论准备

1. 程序性知识的学习

现代认知心理学认为，程序性知识的学习一般要经过三个阶段：首先，新的概念和规则以命题形式进入学生原有认知结构，学生知道所习得的概念和规则是什么，俗称知识的理解阶段；其次，通过变式练习，知识由命题表征形式（陈述性的）转化为"如果……那么……"的产生式规则表征形式；最后，概念和规则在新的情境中迁移和运用，如果能自动运用和迁移则表现为技能，若仍需意识控制则表现为认知策略。"语言和读写规律"对于学生来说，属于程序性知识，或者说学了以后要表现为读写技能和读写策略，必须按程序性知识学习和运用的规律来教，知识才能转化为能力。

2. 图式理论与语言教学

根据图式理论的基本观点，在语言教学中，图式一般可以分为3种类型：①语言图式；②内容图式；③修辞图式（字体图式或形式图式）。中小学语文教师的写作教学任务，首要的应该是帮助学生建构写作"图式"，不断地去填充最初形成的缺乏精确性而过于泛化的这一类型的图式，使之更加丰富和生动。这样的图式有两方面的意义：其一，它能够使语文知识结构化，结构化的知识可被浓缩成框架，组成网络，容易记忆；其二，它有利于优化学生的认知结构，而被优化的认知结构使储存的知识都是"产生式"的知识节点，具有高度组织化，易于激活，便于迁移。写作和阅读是语文教学中不可分割的两个环节。阅读是根据文章所提供的线索，不断地激活读者头脑中的相应图式，通过同化、顺应以强化已有的图式，或在原先图式的基础上形成新的图式；而写作则是根据作者写作目的或意图激活已有的图式，并在诸多的图式中不断地进行筛选、嫁接，最后组合成文的过程。文体图式是存在于作者心目中的文章的"标准样式"，是有关不同类型原文的知识或有关语法结构的知识，如，风格的差异，包括故事、科学文献、报刊文章、诗歌等不同文体组织结构的差异。读者对某种文章结构越熟悉，写作时就越能把握思路、层次；对文章的特定框架结构和各段落的组织排列及文章的逻辑关系越清楚，写起来就越得心应手。

3. 关于读写结合的心理机制

从阅读和写作心理分析，我们可以发现阅读是一个吸收内化的过程，写作是学生把思维活动转变为语言表达的心理过程。小学生最善于模仿，"仿"是学生从读到写的重要环节之一，是学生写作文的铺垫。朱作仁教授在论述仿写在读写结合中的重要作用时，是这样说的："仿写是读写结合的最基本形式。仿写的心理活动主要是模仿，模仿这一心理活动使阅读和写作结合起来了。如果离开了模仿，读写之间就无法结合。"

二、研究的内容及目标

（一）研究内容的核心概念

我们提出了"读写联动策略"的两个核心概念：

"读写联动"：联，连也。从耳，耳连于颊也；从丝，丝连不绝也。在小学语文教学中，以"读中悟写，以写促读"为读写联动的理念，以"阶段性、科学性、开放性"为读写联动原则，以语文课标的"读写"要求为目标，以教材为主，以拓展文本为辅，通过"读写联动"，把从阅读中学习到的"语汇、句法、篇章结构"等语文知识和写作方法，通过从"仿"到"作"、从"说"到"写"等方式进行迁移，使其得到巩固。

"读写联动策略"：教师在阅读教学中，按程序性知识学习和运用的规律，运用思维导图等学习策略，采用"自上而下"和"自下而上"两种阅读方式，使学生领悟整个篇章的意义，在学生大脑中形成对阅读文本的文体和内容的一定的图式，通过创设读写的教学情境，引导学生根据一定的图式仿写，实现读写联动。通过多次反复练习，循序渐进，学生逐步内化规律，最后熟练掌握规律，举一反三。

（二）目标体系

1. 学生习作（写话）能力的目标体系

《义务教育语文课程标准（2011年版）》不同学段"表达与交流"的学习目标（部分）见表1-1。

表1-1

维度	学段		
	第一学段 （1～2年级）	第二学段 （3～4年级）	第三学段 （5～6年级）
表达与 交流	1. 对写话有兴趣，留心周围事物，写自己想说的话，写想象中的事物。在写话中乐于运用阅读和生活中学到的词语。 2. 根据表达的需要，学习使用逗号、句号、问号、感叹号	1. 乐于用口头、书面的方式与人交流沟通，愿意与他人分享，增强表达的自信心。 2. 观察周围世界，能不拘形式地写下自己的见闻、感受和想象，注意把自己觉得新奇有趣或印象最深、最受感动的内容写清楚。 3. 能用便条、简短的书信等进行交流。 4. 尝试在习作中运用自己平时积累的语言材料，特别是有新鲜感的词句。 5. 学习修改习作中有明显错误的词句。根据表达的需要，正确使用冒号、引号等标点符号。 6. 课内习作每学年16次左右	1. 懂得写作是为了自我表达和与人交流。 2. 养成留心观察周围事物的习惯，有意识地丰富自己的见闻，珍视个人的独特感受，积累习作素材。 3. 能写简单的记实作文和想象作文，内容具体，感情真实。能根据内容表达的需要，分段表述。学写读书笔记，学写常见应用文。 4. 修改自己的习作，并主动与他人交换修改，做到语句通顺，行款正确，书写规范、整洁。根据表达需要，正确使用常用的标点符号。 5. 习作要有一定速度。课内习作每学年16次左右

2. 学生习作（写话）的具体目标体系

根据不同年段的教材特点和习作（写话）的总体目标，本课题对各年段（级）在习作（写话）方面的目标细化如下：

低年级：一年级的学生，首先要有句子的概念，会说（写）几种简单常用的句子，如"谁做什么""什么地方有什么""什么像什么""什么是什么""什么从什么地方怎么样""前面是什么"等简单句式；其次是认识多种句式，能看图说几句话；最后是会表达自己所看、所想。对二年级学生要求会稍高些，如会写有四要素的句子，包括时间、地点、人物、事件；会写问句和感叹句；能够加上合适的词语，把句子写得更加具体、生动；能够按要求说、写句子，如"把"字句、"被"字句和比喻句；能连词成句；会看图编写（说）故事。

中年级：熟悉总分、因果、承接、并列这四种类型的段落，并会写；能抓住特点写人；按一定的顺序写事，将事情交代清楚；写景状物，能按一定的顺序写，会抓住特点写清楚；写想象的文章能进行大胆的想象；写见闻、感受，能写出自己觉得新奇有趣或印象最深的地方，内容比较具体；学会把一段话写具体，如学会按时间顺序、按事情发展顺序、按方位顺序写一段话，逐步向写篇过渡；会写过渡性的句子、广告词，能熟练运用拟人、比喻的修辞手法等；学习写"理解层面"的批注，如质疑问难，评点人物，读后的简单感受等。

高年级：能合理安排段与段之间的结构，学会谋篇布局；会运用列数字、举例子、打比方等说明方法；学会转换人称写、续写、扩写、缩写；能够把一个场景写具体，写清楚；能围绕一个意思把内容写具体；能通过人、事、景、物来表达情感；能够把参与的、看到的活动写下来，把活动的经过写清楚，写具体；会写读后感和教材要求掌握的应用文；会用简洁的语言写文章或影视作品的梗概；学习写"解释层面"的批注，如欣赏语言，评点表达方法，生发联想等。

（三）研究的具体内容和目标

1. 研究的具体内容

（1）开展小学生阅读和作文能力现状的调查和分析。

（2）开展针对语文教师的"小学语文读写联动策略"的问卷调查和

分析。

（3）通过对课例以及真实的语文课堂教学的研究，探索出提高学生读写能力的，贯穿于课前—课中—课后的有效的读写联动策略。

（4）进行读写训练序列的行动研究，编写出相应的校本教材。

2. 研究的具体目标

（1）研究语文教学案例和进行语文课堂实践，找到提高学生读写能力的途径和策略，从而提高学生读写能力。

（2）进行语文教学活动研究，提高教师驾驭教材能力，提高教师的理论和教学水平，从而提高语文教学质量。

（3）对比分析各年段读、写的总目标，梳理每册教材中主题单元模块读、写的阶段目标，进行合理的年级和单元训练的整体规划。建立一套适合我校及一定区域内提高小学生语文读写能力的序列，编写出相应的校本教材，推动区域内语文教师在提高学生读写能力方面不断探索和实践，从而提高教育教学质量。

三、研究过程与方法

（一）研究过程

1. 研究准备（2015.02—2015.09）

目标：理论学习，充分掌握相关课题研究现状，领悟"读写结合"理念。

（1）成立课题研究小组，确定课题研究方案。

（2）查阅文献和撰写开题报告。

（3）设计"小学生阅读的调查问卷""小学生习作的调查问卷""语文教师的调查问卷"，以及"小学语文读写联动策略的调查问卷"。

2. 课题实施（2015.09—2017.09）

目标：进行课题研究，收集资料。在前一阶段观察研究的基础上，对教师语文教学过程中的"读写联动"的策略进行分析研究。

（1）运用调查研究法，分析影响小学生读写效果的因素。

（2）分析不同年段教材读写的总目标和单元模块的读写目标。

（3）研究贯穿于课前—课中—课后的读写联动策略。

（4）语文课堂教学，在不同课型中实施读写联动策略。

（5）研究单元阅读教材文本的特点和课文最佳的读、写联动的结合点，按教材不同的主题单元形成一个读写联动的系列。

3. 总结提炼（2017.09—2017.12）

目标：在前两个阶段的基础上，进行课题总结提炼。

（1）整理课题材料，进行统计分析，交流总结。

（2）撰写论文和结题报告。

（3）提出下一阶段课题成果的推广建议。

（二）研究方法

（1）文献研究法：利用现代信息网络手段，广泛收集国内外相关研究成果，避免重复研究，浪费资源。对检索出的中外有关的文献进行比较研究，结合当前语文教学现状，探索"读写联动策略"在小学语文教学的应用。

（2）行动研究法：学校教师在自己语文教学过程中进行研究，研究前制订计划，研究中实践计划，观察学生反应，研究后观察效果，反思教学活动，改进教学活动。每一次研究都有计划、实践、观察、反思这四个环节。该方法适用于课题研究的准备阶段与实施阶段。

（3）案例研究法：收集研究资料，积累"读写联动策略"研究中的一课一得。通过对这些典型案例进行分析，从个别到一般，透过现象来揭示其内在规律，从而逐步调整和完善有实效性的读写结合的教学策略。

（4）调查研究法：运用采访、座谈、问卷、一般统计等方法对当前语文教学过程中语文教师"读写联动策略"课堂进行研究，该方法适用于课题研究的全过程。

四、研究结论、观点和成果

（一）研究结论及观点

1. 事实性结论及观点

（1）夯实了学生作文的基本功。通过实施有效的读写联动教学策略，学生作文的基本功有所提高。一是观察能力的提高。学生不会写作文是因为没有什么可写，没有积累到素材，教师有计划地、循序渐进地培养学生的观察能力，学生掌握了方法，平常有观察，有记录，作文就有话可写。在一个单元里，教师要把观察习惯培养贯穿于课前、课中和课后，授之以"渔"，让学生做到细致观察。在一些写景状物的主题单元教学中，老师不仅让学生体会作者是怎么留心观察事物的，还让学生在实践中去运用观察的方法，如，布置具体的观察任务，指导学生在观察中做好记录，练就作文基本功。二是学生写话及作文内容比较具体了。在写话及作文时，教师引导学生写具体，把看到、听到、感受到的具体叙述或描写下来，避免用一些词语概括写，特别是运用成语，因为大部分成语，包括一些四字词语，是比较抽象的，而抽象的语言是很难打动人的。"具体写"本来就是一项基本功的训练，能写具体，对于小学生来说已经够了。

（2）提升了学生的语文素养。其具体体现在以下三方面：

第一，实施有效的读写联动教学策略，激发了学生读写的兴趣。我们在阅读教学中，充分考虑到学生的年龄特征、自身基础以及课文语言特点等因素，合理运用读写联动的设计，激发学生的学习兴趣，在轻松活泼的学习环境中学习理解语文，应用语文，使语文的学习不仅有趣，而且有用。教师有层次、循序渐进地指导学生去写，学生有了"扶梯"，写起来容易。一小步一小步地练习，分解了写作难点，减少了学生在写方面的畏难情绪。在一个单元练习结束后，学生写单元大作文时，有似曾相识的感觉，很容易上手，写的思路更加清晰，有话可写。为此，学生逐渐变得乐于读写了。

第二，实施有效的读写联动教学策略，提高了学生运用语言的能力。从"读"到"写"，是一个从理解、积累、内化到运用的过程。当学生在阅读中习得了语言表达的样式和结构图式，就引导学生尝试运用，使其得到巩固。读写联动把学和用巧妙结合，把消极的语言（只能理解不会运用的语言），通过各种形式的运用，变成积极的语言（既能理解又能运用的语言）。读写联动的有效策略使阅读与写作紧密结合，不仅可以帮助学生更好地理解课文内容，还提高了学生运用语言的能力。

第三，实施有效的读写联动教学策略，提高了学生的思维水平。语文课堂的读写练习从单纯地组织语言文字内容转移到语言的思维训练上，以思维训练促进表达能力的提升。在"输入—整理—输出"的过程中，提高了学生的思维水平，进而提升了表达能力。

（3）提高了语文阅读教学的效率。实施有效的读写联动教学策略，提高了学生语文阅读学习的效率。在阅读教学中，教师引导学生关注了两个层面的学习：一是文本理解层面的学习，如，理解语言材料，记忆并积累了语言材料，使学生在思维中形成了一定的表达图式。二是文本表达层面的学习，教师帮助学生有效地建构句子、段落或篇章的结构图式，这样在学生脑中形成结构图式和文本样式，让"读"更加深入，从而提高了语文阅读学习的效率。

（4）提高了教师把握教材的能力。实施有效的读写联动教学策略实践研究，提高了教师驾驭教材的能力。教学中，要进行读写联动，教师必须对教材进行深入分析，教师在备课时，要深思如下问题：第一个问题是读什么，怎么读；第二个问题是写什么，怎么写；第三个问题是读和写如何联动才能有机地结合起来。一篇课文的读写结合点，不是轻而易举就能挖掘到的，必须是在这个老师很熟悉教材的前提下才能发现。通过观摩讨论课、汇报课等一系列课例，大家经常性地交流经验，从而提高了教师分析教材、驾驭教材的能力。

通过读写联动教学策略的实践研究，教师能准确把握小学各阶段的习作目标，明确小学语文高、中、低年级读写的具体内容，对整个小学阶段的各年级（段）各个习作能力训练点间的螺旋上升有明确认识，在备课时做到心中有数。

（5）提高了语文教学质量。读写联动教学策略的实践研究，提高了学校语文教学质量。我们以番禺区学期末学生学业质量检测的统一试卷为样本，对2015—2016学年我校课题实验班和非课题实验班的期末考试成绩及试卷进行了对比分析。我们发现课题实验班学生在教师的指导下，试卷中的阅读题得分率高，习作失分少，并且写作的字数比非课题组的平均写作字数多，学习成绩有所提高。研究结果表明：课题实验班学生的语言表达能力、习作能力强一些，得分率高一些，课题实验班学生的成绩普遍有所提升。

2015学年我校课题实验班与非课题实验班期末考试语文成绩对比见表1-2。

表1-2

班级	对比内容						
	字词句应用平均分	作文/写话平均分	平均分	及格率/%	优秀率/%	最高分	最低分
一年级课题实验班	51	24.5	97.6	100	100	100	92
一年级非课题实验班	49	23.8	97	100	100	100	90
二年级课题实验班	50.2	24.5	98	100	97.7	100	85
二年级非课题实验班	49.8	24	96.6	100	93.2	100	62
三年级课题实验班	57	29	91	100	89	97	63
三年级非课题实验班	56	28.1	89	100	87	96	60
四年级课题实验班	57	28.8	91	100	88.9	98	64
四年级非课题实验班	56.1	27.8	89	100	87	96	60
五年级课题实验班	55.5	28.2	87.8	100	88.6	95	60.5
五年级非课题实验班	54.3	27.9	87	95	88	96	52
六年级课题实验班	55	28.1	89.4	100	88	98	63
六年级非课题实验班	55	27.8	88.7	93	85	97	51

2016学年我校课题实验班与非课题实验班期末考试语文成绩对比见表1-3。

表1-3

班级	对比内容						
	字词句应用平均分	作文/写话平均分	平均分	及格率/%	优秀率/%	最高分	最低分
一年级课题实验班	53.2	24.3	96.4	100	100	100	92
一年级非课题实验班	52	23.8	95.2	100	100	100	90
二年级课题实验班	50.9	24.2	97.6	100	97.7	100	88
二年级非课题实验班	50.1	24	96.4	100	93.2	100	71
三年级课题实验班	57	29.2	92	100	92	97	67
三年级非课题实验班	56.2	28.5	89.5	100	87	96	60
四年级课题实验班	55.2	27.9	88.4	97.6	78.6	95	49
四年级非课题实验班	53.8	27.1	83.4	92.8	78	94	40
五年级课题实验班	58.5	28.3	89.9	100	90	97	61
五年级非课题实验班	57.1	27.9	89.5	100	87	96	63
六年级课题实验班	56.6	28.8	88.3	100	90.5	97.5	60
六年级非课题实验班	55.1	28.1	86.8	93	85	95	48

课题实验班与非课题实验班语文学习质量分析：对比课题组班与非课题组班两个学年的期末语文试卷，我们可以看到语文课堂有没有做到读写联动对学生的成绩影响比较大。非课题实验班的教师在教学中对语言运用关注不够，在阅读教学时没有帮助学生形成文体样式和句、段、篇的结构图式，所以学生写作时思路欠清晰，描写欠具体。由于参与课题组研究的教师掌握了一定的读写联动有效策略，在教学中能够有序地进行读写练习，能有计划地培养学生的观察能力和语言运用能力，所以他们所带班级学生的语言积累比较丰富，学生观察能力和语言运用能力得到了提高。除此以外，通过观察了解，还发现我校课题实验班学生的阅读习惯比非课题

实验班的要好。

2. 认知性结论及观点

笔者在学习前辈经验的基础上，在语文读写联动教学实践研究中，总结出如下读写联动的有效策略，旨在提高学生理解语言和运用语言的能力，实现语文课程人文性与工具性的统一。

（1）单元整体设计策略。读写联动，要从整体出发，根据单元教材特点来进行。根据单元的习作要求，分析学生必须掌握的读写技能，通过化整为零的方式，把训练点分散在单元的阅读教学中，在一定的情景下，以"读"悟"写"，以"写"促"读"。按不同的主题单元形成一个系列的训练，为"单元大作文"做好铺垫，有效地解决了学生写作素材、表达技巧等各方面都储备不足导致怕写作文的问题。读写联动的教和学不局限于课堂，可以贯穿在课前、课中和课后，让学生在生活中提取素材，在活动中去感受，激发学生的学习欲望，进而提高课堂教学的质量。

（2）聚焦切入点的策略。要找准、聚焦阅读教材中读与写的"切入点"。一篇文章中值得我们学习与借鉴之处有很多，有的是选材立意，有的是布局谋篇，有的则是遣词造句或表达技巧等。聚焦的某一切入点肯定是一篇文章最独特的地方，它往往是所选文章的精彩片段或最突出的一个写作技巧。不同年段的阅读教学，其读写联动切入点不尽相同，如何切入，要根据不同年段学生思维特点和教材的重难点来进行。低学段读写联动主要在字、词、句的练习方面，可以用"看图说话或写话""情景中演和说""阅读补充语境材料"等方式进行；中学段读写联动主要在段的练习方面，可以用"换句式""补空白""改标点""绘表情"等方式进行；高学段读写联动主要是段、篇的练写，可以用"换段落""续结尾""添情节""仿经典""描动作"等方式进行。只有找准读写联动的切入点，才能充分地利用教材。

（3）阶段性策略。读写联动的阶段性策略，一是指阅读教学中阅读层次与写作技能对应阶段的划分。根据不同的阅读层次，设计写作技能的训练。我们参照四级阅读技能目标对应的四级写作技能来设计读写联动：其一，理解层面对应的言语表达层面的写作技能是缩写、提要、概述、摘抄等积累性写作，以及仿写、改写、扩写、续写等模仿性写作。其二，解释层面对应的言语表达层面的写作技能是对写作的知识点或某一规则的学习和演练的学习性写作。其三，评价性（批判性）阅读层面对应的言语表达层面的写作技能是文学评论、文艺评论等评论性写作。这类练写是有一定难度的，在小学阶段，我们在中高年级做初步的尝试，为中学的学习打下基础。例如，可以做一些类似批注、对比文段写法的异同及优缺点等练习。其四，创造性阅读层面对应的言语表达层面的写作技能是写读后感、研究性小论文、调查报告等探究性写作。这类写作适合小学高年级学生。读写联动的阶段性策略，二是指根据不同学段学生心理与思维发展阶段性的差异来进行。读写联动要从学生实际出发，要充分考虑学生心理与学习的需求，要注意课文与学生心理的距离。由于低、中、高不同学段学生的特点不同，我们要根据学生的心理和思维特点来进行读写联动教学。低学段的学生处在具体形象思维阶段，适合图文结合，先说后写，在一定的情境下完成读写练习。而中高学段的学生逻辑思维逐渐发展，读写训练可以侧重在分析、概括、推理等方面有序地进行。

（4）重组阅读文本策略。现有的部分教材，其内容和课后的写作内容关联不大，有的教材课后的写作内容随意性较大，无法形成序列练习。所以，我们要对教材进行有效补充、拓展。教师可以以一篇课文为主题，让学生在课前进行相关主题知识的查阅和学习，形成知识拓展，在课中进行课文内容的学习，从而形成积累性阅读；可以将教材中出现的相同或相似主题的课文集结成一个大主题，设计一系列的主题式语文综合学习活动；还可以把相同写法的课文组成一个大主题，把具有相同写法的课文整合在一起，选择课文中针对性较强的相关段落进行读写训练，从中归纳出写作的途径，打开写作思路。

（5）构建言语图式策略。教师在阅读教学中，按程序性知识学习和运用的规律，采用"自上而下"和"自下而上"两种阅读方式，促使学生大脑中对阅读文本的文体和内容形成一定的图式。教师通过创设读写的教学情境，引导学生根据一定的图式仿写来实现读写联动，使学生通过逐步练习，在大脑中得以建构规律，最后熟练掌握规律，并举一反三。我们把言语教学分成两个阶段：一是构建言语图式的阶段；二是巩固言语图式的阶段。将若干个这样的教学单元组合在一起，推动语言能力的发展。

（6）思维导图运用策略。在阅读教学中，教师通过绘制思维导图，把典型文章的内容和文体特点呈现出来，让学生大脑中形成一定的图式，从而更有效地读懂作品，更完整地把握作品内容，调动学生深层次思考和想象。学生在写之前画思维导图，促使学生把自己想写的东西呈现出来、扩展开来，最终帮助学生解决写什么、怎么写的问题。

（7）批注运用策略。批注是阅读者自身感受的笔录，批注式"读"是在吸收、理解、质疑，是内化语言及其表达方法的有效途径。引导学生在阅读的时候，把读书的随感、困惑等批注在书中相应的地方，以帮助理解、深入思考，同时为外化语言及其表达做充足的铺垫。小学低年级学生适合用圈、画、点等方式做简单批注。中、高年级学生可以从欣赏语言、评点人物、生发联想、质疑问难等方面进行复杂一些的批注。批注要根据教材及学情循序渐进地进行练习，才能让学生逐步掌握。

（8）创造性仿写策略。小学生最善于模仿。模仿是读写结合的心理基础。"仿写"包括内容上的仿写和形式上的仿写。形式上的仿写是一种技能性的写作，它涉及遣词造句、布局谋篇的知识，在"仿"中习得。"仿"是学生经读到写的重要环节之一，是学生自能作文的铺垫。如果离开了模仿，读写之间就无法结合。学生开始的"仿写"是照葫芦画瓢，简单模仿；如果我们在课堂上循序渐进、不间断地长期练习，学生就会逐步学会举一反三，此时的模仿，已经开始有学生自己的思路和表达形式，从而由简单模仿逐步过渡到创造性模仿。

（9）字词句段篇的教学策略。在阅读教学中，字词句段篇的学习，要尽可能做到字不离词，词不离句，句不离段，段不离篇。脱离语言环境的讲解，或者停留在理解层面的学习，意义都是不大的。字词的学习，要重视积累和运用的训练。教师通过创设情境、近义词互换、联系生活等多种方法，引导学生理解，积累，运用，层层推进。句式的学习，不仅仅是理解句子的意思或读懂一些句子方面的知识，更重要的是认识各种常用的句式，要进行仿写句式的训练。段的训练是中年级的教学重点。文章是由段组成的，一段话往往是一篇短文，练习写段是为高年级写整篇文章打基础。教师在教学中可以通过思维导图对课本的典型段落进行结构分析，着力于使学生掌握句与句之间的关系，了解一句句话是怎样连成段的，让学生认识段落特征，明确句子之间的逻辑关系，并学会写同样结构的段落。从高年级的读写目标看，需要学习掌握的篇章方面的知识和技能很多。在阅读教学时，要学习课文中连段成篇的方法，如开头、结尾、过渡照应、组织材料的结构方法，详略安排等基本知识，在表达方法方面有叙述、描写和说明等方法。小学生日常语言运用得最熟练的是叙述，而要把作文写具体，关键在于描写。课文中大量的具体生动的人物描写、事物描写、环境描写的语段都是借鉴的范例。

（二）研究成果

1. 课题组成果

（1）形成了系列校本教材

本研究根据新课标对各学段的读写要求，根据义务教育课程标准实验教科书的1~12册语文阅读教材的特点，设计了读写联动的练习，形成了校本教材，将语文阅读教学和习作紧密结合起来，通过一课一练或一课多练的读写联动策略，提高了学生的读写能力。我们以课堂为主要阵地，通过语文阅读教学，让学生掌握文体图式、句段篇的结构图式，让学生在阅读中学习表达和章法，并且把习作的难点分散于单元阅读教学之中，在一定的情景下，激发学生交际愿望，实施读写联动。

（2）构建了读写联动的两种教学模式

小学课堂一节语文课是40分钟，本研究通过板块式教学，实施读写联动。一种模式是导入5分钟+课文学习25分钟+拓展阅读10分钟；另一种模式是导入5分钟+课文学习25分钟+迁移运用10分钟。具体内容如下：

低年级读写联动课堂教学模式见表1-4。

表1-4

教学板块	环节	教学设计的关注点
第一板块 （5分钟）	创设情境 激趣导入	1. 可以利用图片、歌曲，采用联系生活等方式创设情境引入学习内容，引入形式根据教学文本而定。 2. 教师范写课题，学生跟着书空，教师对要求书写的字做重点提示，学生练写。 3. 提出主要问题，进入课文学习，形成阅读期待
第二板块 （10分钟）	读通文本 整体感知	1. 教师提出学习要求，学生通读课文，难读的字可以反复读，把句子读通顺。 2. 大概了解课文内容，如知道课文的主要人物，发生了什么事情等
第三板块 （15分钟）	带着问题 精读片段	1. 学习课文，随文识字。通过联系图片、生活识字或字理识字，教学时做到字不离词，词不离句。 2. 指导学生逐步学会带着问题阅读，并学会圈圈画画等阅读方式。 3. 通过不同层次地读、联系生活、扮演角色等教学方式，学生能够理解课文的精彩片段，在理解和运用中形成表达图式
第四板块 （10分钟）	适度拓展 积累运用	教师根据学习内容，设计拓展简单的阅读材料。例如，可以拓展儿歌帮助识字，拓展图画提供说写素材。在阅读教学中，可以边学习边拓展，也可在学习课文之后拓展。此环节可再次进行积累和运用，完成读写目标

中、高年级读写联动课堂教学模式见表1–5。

表1–5

教学板块	环节	教学设计的关注点
第一板块（5分钟）	激趣导入研读课题	导入环节可以是积累性内容展示，可以是情景创设，也可以是背景介绍等，根据教学文本而定。课题就是文眼，关注课题，抓住文眼，初步感受文章主题，形成阅读期待
第二板块（10分钟）	自主研读整体感知	这一板块的教学涉及理解层面和表达层面，是读和写共享策略知识的学习。学生自学，教师或同学检查。学生知道文章讲什么，初步形成文章整体结构图式
第三板块（15分钟）	梳理问题精读片段	这一板块的教学涉及理解层面、表达层面和评论层面，是读和写共享策略知识的学习。教师根据教学目标和课后练习，梳理研学问题。中、高年级研学的问题，必须有在文章表达层面的思考。学生带着问题学习，理解精读的片段，并关注精读片段的表达，学习语言特点或结构特点，形成结构文体和内容图式
第四板块（10分钟）	拓展阅读迁移练笔	这一板块的教学，大多是在表达和评论层面，写作介入阅读。教师根据学习内容，可以设计拓展阅读材料，根据单元作文目标设计小练笔。阅读教学时，一般在第一课时的教学中，拓展性的阅读较多，第二课时主要是用来学习表达，进行迁移练笔，无论是阅读还是练笔都围绕巩固图式来进行

2. 个人成果

课题研究期间，笔者一边学习一边实践，在学校每学期带头上两节课题研究展示课，如《少年闰土》《彩色的非洲》《真理诞生于一百个问号之后》《为人民服务》等课例。无论是展示课还是中小学衔接课，都受到专家和同行的好评。此外，笔者还多次参与中小学"百千万人才培养工程"的送课活动。课题研究期间，笔者一边实践一边总结，公开发表多篇论文。几年来，笔者也收获了一些荣誉与奖项：广州市语文教学研究会论文评比一等奖，广州市语文教学研究会教学设计二等奖，番禺区"研学后教课堂专项研究"研学问题设计二等奖，研学案《蝙蝠和雷达》获二等奖，番禺区"研学后教课堂教学改革"先进个人等。曾多次为广州大学师范生作主题讲座，指导区域内语文老师进行课堂教学研究，案例专项研究。笔者带教的学生公开发表作文、诗歌的人数逐年增多。在世界华人学生作文大赛、广东省"朝阳读书"活动和广州市书信节等比赛和活动中，笔者辅导的学生多次获得一、二、三等奖。笔者获得了第十四届世界华人学生作文大赛指导奖。

五、不足与反思

在实践研究中，我们发现学生说话、写话、写作的能力得到了提高，但要提高学生的读写水平是一个长期的过程，学生的读写水平还有待进一步提升。

在研究中，我们还发现，部分教师能灵活运用读写联动的策略，有意识地在课内外进行读写联动练习，而部分老师对课题理论理解不深，导致学生整体读写能力发展不平衡。

另外，由于课题研究主要实施阶段在2017年7月已经结束，所以我们的研究仅限于义务教育课程标准实验教科书1～12册的语文教材，没有研究2017年9月开始使用的统编教材。

语文综合性学习"搞小发明，
写小发明论文"案例与反思

一、案例

"会游泳的鳄鱼""防切割刀套""多功能书包""牙签贴画"……看到同学们展出的作品和张贴出的小论文，看到他们兴致勃勃地介绍他们自己的作品，一阵喜悦由心底升起，原来我以为很难的一个任务，没想到他们完成得还不错，最关键的是学生还饶有兴趣，对动手设计制作热情高涨。搞小发明，写小发明论文是人教版第九册第三单元积累运用中的实践活动。在上本单元之前，我觉得这次活动有一定的难度，所以我把这次活动分成以下几个步骤进行。

（一）寻找发明的足迹，用故事启迪思维

为了激发学生搞小发明的兴趣，在上课前几天，我发动学生搜集一些关于发明创造的故事，学生一听说作业是搜集故事都很开心，毕竟读故事是孩子们喜欢的事。不到两天，学生搜集到许多有关发明的故事，如《口琴的发明》《听诊器的问世》《锯子的发明》等。读了这些故事，我也觉得搞发明创造不像自己想象的那么难。

（二）记录生活的点滴，由问题开始思考

发明从生活中来，不是坐在教室的空想，我要求学生调查研究"我所关心和感兴趣的工具、文具等日常生活用品在使用的过程中有什么不便？

怎样让它们使用起来更方便？"，并要求他们把看到和想到的写下来，目的是让学生多留意生活中的事物，启发他们多动脑筋。有时发明就是从"不方便""有问题"这些想法开始的。

（三）营造良好的氛围，激发发明创造的潜力

上课时，先让学生交流搜集的故事，然后谈自己的感受。有的学生说："原来以为搞小发明难，听了同学们的故事，觉得其实不难。"有的同学说："生活中有些用品和用具不方便，经过改进后，变得方便了。"还有的同学说："我以为发明都是科学家才会，没想到有很多小学生都有自己的小发明，有的还申请专利呢！"接着我展示了一些漂亮的工艺品，让学生猜猜制作的材料是什么，是怎样做的，有什么作用。我见学生议论纷纷，热情高涨，进入正题的时机成熟，马上让学生读读本次活动的要求，明确任务：动手制作或改进一些简单的工具、文具、玩具或工艺品，然后根据自己的发明或发现写一篇文章，可以附上示意图。我告诉学生在日常生活中，到处都有发明创造的契机，发明并不是件高深莫测的事，我们今天的许多"文明的奇迹"，最初都源自儿童的发现、奇想与创造，"只要你拥有一颗敏锐的心和一双善于发现的眼睛，你也可以成为一个小发明家"。最后小组交流"我所关心和感兴趣的工具、文具等日常生活用品在使用的过程中有什么不便？怎样让它们使用起来更方便？"的调查研究结果，将自己的调查研究结果讲给小组的同学听，让小组的同学提出好的改进意见。

（四）发挥主导作用，师生共克难关

"老师，我不知道怎样……""我想让它动起来，但是……"面对学生的提问，有些问题我还可以指点，有些问题我也解决不了，怎么办？总不能告诉学生不做了吧！于是我又请教科学老师，后来干脆请他来指导，效果还真好，不少觉得有困难的学生也动起来了。"如何把制作过程写清楚，让人一看就明白呢？"部分学生又遇到难题。我发挥主导作用，给予指导，告诉学生：一要交代你发明了什么，有什么作用，可以写自己制作

前的想法；二要说明用了什么材料，怎么做的，用简练的语言把步骤写清楚，可以画示意图帮助说明，写步骤时还可以写这样做的目的。几天后，同学们纷纷贴出自己得意的作品图或小论文，有的是小组合作的，有的是个人创作的。我引导他们在课后互相观摩、交流，再约定好时间全班进行评议，评选出优秀小发明及小论文，同时对合作较好的小组和积极参与的学生给予肯定。

二、反思

这次语文综合性学习活动培养了学生的创新思维和动手能力。活动把艺术、科学、手工、语言融为一体，拓宽了语文学习的渠道，开阔了学生的视野。学生在老师、家长的帮助下学习到在书本上学不到的知识，把课内外知识和生活经验结合起来，有的学生从父亲那里学会做木工，有的学生从亲戚那里学会编织，还有的学生学会装简易的电路。制作完成后再用文字把制作的过程清楚地写下来，使语文的工具性得到真正体现。由于平常这样的活动不多，所以明显看出部分学生动手操作和解决困难的能力不强，写制作的过程时语言表达不够清晰，今后还要多让学生参加语文综合性学习活动。

语文综合性学习"春节习俗面面观"案例与反思

一、案例

（一）从学生的话题中定研究主题

快放寒假了，孩子们早早就议论着过年的事，盼望着过年，可以穿新衣，收到压岁钱，别提多么开心了。课间有些同学问我："人们过年为什么要放鞭炮，贴对联？为什么要吃煎堆？"我转身问大家有谁知道。一说到过年，大家就七嘴八舌，畅谈自己可以收到压岁钱，放鞭炮，但对放鞭炮、吃煎堆、守岁等习俗的来历知道的不多。有的说："是因为新旧一年的交替，值得庆祝。"有的说："可能是因为煎堆是圆的，代表着一年来一家人的团圆。"

看大家议论纷纷，对春节话题感兴趣，我趁热打铁，激发学生研究的兴趣："春节是我国一个古老的节日，也是全年最重要的一个节日，春节作为中国的传统节日有几千年的历史了，形成了一些较为固定的风俗习惯，有许多还相传至今。其间有丰富的饮食文化，还有很多美丽的传说，想知道吗？"

同学们异口同声地说："想啊！""那寒假里我们就研究研究春节吧！"

同学们跃跃欲试！

（二）开展以"春节习俗面面观"为主题的活动

围绕"过春节"，人人献计献策，师生讨论很快形成以下研究方案：

（1）搜集、摘抄、吟诵与春节有关的诗文，感受春节文化。

（2）设计制作"挥春"（春联），写设计意图。

（3）搜集春节的由来、春节习俗等有关资料，进行编辑整理，最后设计出以春节为主题的手抄报。

（4）调查我国南方、北方的人在春节都做些什么，有什么不同，并认真做好调查记录（可以记录自己的调查所得、调查过程、调查感受……）。

（三）在实践中感受春节，提高语文素养

同学们从自己的兴趣、爱好出发，自主选择其中几个方案，并自愿组成小组合作完成。

寒假结束，开学了，同学们进行"春节习俗面面观"成果展出。

镜头一：形式多样的"挥春"最吸引眼球，挂在绳子上让人感受到浓浓的春节气氛，十分喜气，花花绿绿，有的用十几个利是袋粘贴成灯笼形状，有的是用纸板做的立体图画，各具特色。大部分同学选择了红颜色，说明同学们明白传统节日用"红色"的意义。最有意思的是"挥春"下面的祝福语，语言凝练优美，也很有创意。

镜头二：内容丰富的手抄报也毫不逊色，介绍了春节扫尘、贴对联、拜年、放鞭炮等习俗的由来，还展示了春节对联、春节诗歌等。

镜头三：一份份调查报告《过年人们都做些什么》《南方、北方的人是这样过春节的》等，让我从孩子们那充满稚气的语言里看出他们眼中的世界，看出他们对生活中的事物充满好奇。从他们的报告里还可以看出，他们觉得这次活动使他们开阔了眼界，增长了见识。

见识一：年糕的口味因地而异。北京人喜食江米或黄米制成的红枣年糕、百果年糕和白年糕。河北人则喜欢在年糕中加入大枣、小红豆及绿豆等一起蒸食。山西北部及内蒙古等地，过年时习惯吃黄米粉油炸年糕，有的还包上豆沙、枣泥等馅。山东人则用黄米、红枣蒸年糕。北方的年糕以甜为主，或蒸或炸，也有人干脆蘸糖吃。南方的年糕则甜咸兼具，如苏州及宁波的年糕，以粳米制作，味道清淡。除了蒸、炸以外，还可以切片炒食或煮汤。

见识二：壮族同胞与汉族人同时过春节，除夕晚上，要做好节日那天所吃的米饭，称为"压年饭"，它预兆来年农业丰收，有的还包制有一尺多长，五六斤重的烷粑，人口少的一家人一顿还吃不完哩！大年初一清早，天还没亮人们就起床，穿上新衣服，燃放爆竹迎新，妇女们都争着到河边或井旁"汲新水"，开始新的一年沸腾的生活。

见识三：北方人有过年吃饺子的习惯，饺子一般要在农历腊月三十晚上12点以前包好，待到半夜子时才吃，这时正是农历正月初一的伊始。吃饺子取"更岁交子"之意，"子"为"子时"，"交"与"饺"谐音，有"喜庆团圆"和"吉祥如意"的意思。饺子的形状像元宝，人们在春节吃饺子取"招财进宝"之意；饺子有馅，人们把各种各样的寓意吉祥的食物包到馅里，以寄托对新一年的美好祈望。

广东有民谚道："年晚煎堆，人有我有。"可见广东人过年的煎堆就像北方人过年的饺子，是春节期间不可缺少的年货。据了解，油炸类点心是逢年过节必备食品，按照广东人的传统习俗，煎堆、油角是这类应节食品中的主角，寓意着"煎堆碌碌，金银满屋"。此外，还有笑口枣、蛋散、金钱酥、糖环等，不一而足。为什么农历正月十九日要煎煎堆呢？民间有个美丽的传说。传说女娲一边补天，一边制造牛马鸡羊等牲畜，初七才做了人，十九日太累了，睡了。人们见女娲这样苦、累，不去惊动女娲，又不会炼石，只好家家户户用粉做煎堆，系上红线，放在屋顶上，以便女娲在补天时食用。其实，正月十九日前后是雨水节令，大多年份都会下雨，春天下雨，人们又冻又饿，最简便的便是做煎堆，补肚又暖身，于是形成习俗。

广东人过春节有逛花市、买鲜花的习俗，花市的鲜花品种多，有桃花、蝴蝶兰、仙客来、百合、水仙、黑美人等。人们热衷于购买鲜花来装点居室，摆在客厅里，希望鲜花带来新年好运气。

……

学生在调查、搜集资料、汇报、交流、辩论中感悟到春节传统的文化，享受着语文的乐趣，体验到宽广的生活和语文有着千丝万缕的联系。

二、反思

这次语文综合性学习主题来自学生感兴趣的社会现象，以"春节习俗面面观"为主题的活动，充分体现了生活与语文的联系。学生自己设计方案，在寒假自由组合完成，在活动中培养了主动探究的意识，学会了搜集、整理信息，运用信息。这次学习让他们在调查、搜集资料、汇报、交流、辩论中感悟春节传统的文化，真正做到了结合生活实际学语文。

第二篇

"读写联动"教学策略

生活无处不语文，我们的语文课程本身是一种实践性、综合性很强的课程。本部分选用了笔者撰写的有代表性的论文，这些文章阐述了学语文、用语文，促使学生自我成长的语文课堂教学和课外学习延伸的策略及方法。这些论文虽然跨度有二十年之久，但都遵循提高学生语文素养的原则。

统编教材课内外读写结合的三个策略

《义务教育语文课程标准（2011年版）》指出"语文课程是一门学习语言文字运用的综合性、实践性课程"。也就是说，字、词、句、段、篇的学习不能只停留在理解层面，要通过运用来掌握，在实践中提升能力。为提高学生的语文素养，笔者根据统编教材的单元主题和要落实的语文要素，结合学生实际情况，在课内外实施不同层次的读写结合策略。

一、整合资源，玩乐中写

语文课堂的空间、时间有限，我们可以采用多样化、灵活、开放的方式进行读写活动。特别是在低学段，干巴巴地讲只会让孩子觉得学习语文很枯燥。充分挖掘学习资源，调动家长，设计适合孩子年龄特点的语文实践活动，在活动中读写，让孩子感觉语文学习很有趣。

比如，统编教材语文二年级下册第三单元围绕"传统文化"这个主题编排了《神州谣》《传统节日》《"贝"的故事》《中国美食》4篇课文。为提高孩子们识字的兴趣，在实践中学语言、用语言，我班开展了一系列的语文实践活动。

在教学《神州谣》一课前，我让学生在预习时了解祖国的名山大川。课前引入环节，我用课件给学生一边展示图片一边介绍我国的一些名胜古迹。课堂拓展环节，我展示名山大川的名字，在学生之间开展"读一读，比一比，看谁认识的名字多"的活动。在学习完课文后，要求学生用一两句话介绍自己知道的家乡的景点，学生整节课比较积极，学习参与度很高。

在学习完《"贝"的故事》这一课后，我班开展了为期三周的"名字的故事——认识我的同学"语文主题实践活动。活动前，我设计了活动方案，和家长们商议后，提出活动要求：①父母给孩子讲当年孩子出生时，给孩子起名字的故事。父母要做准备工作，提前组织好语言，有条理地讲给孩子听。孩子要专心听父母讲为自己起名字的故事，要清楚自己名字所代表的含义，包含了父母哪些美好的愿望，要学会讲给同学听。②比一比，看谁认识的同学的名字比较多。③了解同学名字的含义和关于名字的故事。④可以写关于自己名字的故事，也可以写关于本次活动中发生的有趣的故事。

在为期三周的活动中，学生积极参与，主动和同学沟通交流关于名字的故事，并写了关于自己名字的故事。我在语文课堂选择了部分进行展示：

生1：我姓周，是因为我爸爸姓周。我们老家在湖北，湖北也叫荆楚大地，人们都说，荆楚大地美丽如画！所以我的名字取了其中的一个"楚"字。"宇"是指浩瀚宇宙，父母希望我能在知识的宇宙中取得力量。所以我叫周楚宇。

生2：每一个人都有好听的名字，我的名字叫周庆彬，我的名字是爷爷给我起的，他说2009年是澳门回归10周年，澳门回归那一天是在1999年12月20日，我的出生日期刚好也是12月20日，让我记住澳门回归祖国的日子。爷爷希望我以后能成为一个保家卫国的好孩子。原来我的名字有这么深刻的寓意。

生3：每个人都有姓和名，名字都有一定的意义。我姓许，这是跟我爸爸的姓，因为我的出生时辰，五行缺"金"，所以要有个五行属"金"的字，爸爸对比了很多字后，为我定了"斯"字，寓意是一个女孩子要有斯文的一面。每个人都是一颗星星，我自己也是，不需要很光亮，但至少有荧光，所以我名字的最后一个字是"荧"。原来我的名字有这么多的意思。

在活动结束进行总结时，学生谈活动的感受，大部分学生说，以前不知道，原来名字里有这么多故事！"起名字"是一门学问，名字里有我们传统文化的影子。了解"名字里的故事"，写"名字里的故事"，是对本单元"传统文化"主题的延伸。这次语文实践活动，充分整合了学习资源，在玩乐中培养了学生的读写能力。

二、形成图式，模仿着写

叶圣陶说过，写作能力跟阅读能力有关联，阅读得其道，无论在思想吸收方面或者技术训练方面，都是写作上的极大帮助。写作图式的形成是在阅读中慢慢建立起来的。而在中年级的阅读教学中，部分老师的设计通常停留在理解层面。每一篇课文都是一个样例，理解课文是一个层面，学习作者如何写出来的，是另一个层面。如果阅读教学只停留在理解层面，学生怎么会学习到写的章法和规律呢？为此，中年级的阅读教学要兼顾学习写作规律。

（一）阅读教学，形成结构图式

统编一、二年级的语文教材，在语言练习方面的内容增多了不少，学生对什么是完整的句子有了初步概念，大脑中储存了关于如何写句子的图式，但没有建构起关于段的图式，不知如何写一个具体的文段。所以，到了三年级，阅读教学要有意识地设计让学生学习"段的结构"，了解"构段的规律"的环节。

中年级的语文教材中最常见和常用的图式是总分、并列、承接、因果四种基本结构图式。在阅读教学中要帮助学生有效地建构这四种结构图式。在一堂或几堂课中，选择典型段落进行教学，通过对典型段落的分析，学生可以掌握一些基本段落的特点。为了理清段落结构，在阅读教学时可以这样设计思考题：

设计1：思考作者先写什么，接着写什么，再写什么，最后写什么。

设计2：这一段是围绕哪一句话写的？围绕这一句话作者写了什么？

比如，我在执教三年级上册第六单元的第19课《海滨小城》时，让学生学会找关键句，借助关键句理解一段话的意思，这是阅读策略的学习。让学生学习作者围绕一句话来写场景的表达方法，这是写作方面的技巧学习，是语文课程工具性的体现。根据教材的特点和本单元的习作重点，我设计了如下两个环节。

环节一：品读词句，落实语文要素

（略）

环节二：感悟表达，形成段落的结构图式

（1）观察第4～6自然段，这几段分别围绕哪句话写的？

（2）默读第4自然段，根据课文内容填空。

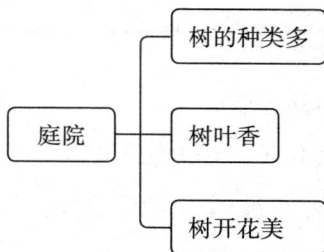

图2-1

第4自然段采用（　　　　）的方法，先写小城的庭院（　　　　），再通过描写桉树的（　　　　）和凤凰树的（　　　　），表现了小城庭院的（　　　　）。

这些思考和练习都可以让学生形成段落结构图式。板书如图2-1，形象化地解释了什么叫总分段落结构，这样做使文章段落结构图式化，把其主要内容分层次输送到学生头脑储存信息的网络中，使他们掌握阅读技巧，提高习作的能力。

（二）读写结合，巩固结构图式

当学生初步习得了某种结构图式，教师就可以引导学生运用结构图式，尝试写作，巩固图式。当然这种尝试应是由易到难，而不能急于求成。如，学了总分结构图式，在尝试写总分段落时，可先让学生尝试写总句，然后尝试写分句，最后再写总分结构的段落。这样一步一步提出要求，降低了学生写单元习作的难度，使得图式巩固落到了实处。如《海滨小城》一课，我作了如下设计。

师：下面我们可以利用思维导图，打开思路。昨天预习时，大家观察并用思维导图的方式记录了学校的鱼池。大家觉得我们学校的鱼池怎么样？

生：鱼池四周的花好美的。

生：鱼多，而且颜色漂亮……

师：如果我们来写鱼池，尝试说一句总起句，谁来试一试？

生：鱼池中间的假山漂亮。

生：鱼儿多，颜色好看。

生：我们学校的鱼池好美哟！

师：同学们刚才说的句子，很多都可以作为一段的开头，然后可以围绕这句话来写。如果围绕"我们学校的鱼池真美"这个句子写一段话，你会从哪些方面来写？

生：我会写鱼儿和假山。

生：鱼的颜色美。

师：有什么颜色？

生：金色的、橙色的、黑色的、白里透红的……

师：大小呢？

（学生站起来用手比画，有的这么长，有的……）

师：如果用语言来表达，我们可以用熟悉的事物来对比，说说鱼儿的大小。

生：有的鱼有手指那么长。

生：有的有一本书那么长。

师：说说鱼儿游动是什么样的情形。

生：成群结队，有一条白色的鲤鱼游得最快，总是在前面。

生：尾巴像小扇子，一摆一摆地……

小组交流：说说池中央的假山让你觉得很美的地方。

（教师放手，学生交流，汇报，板书）

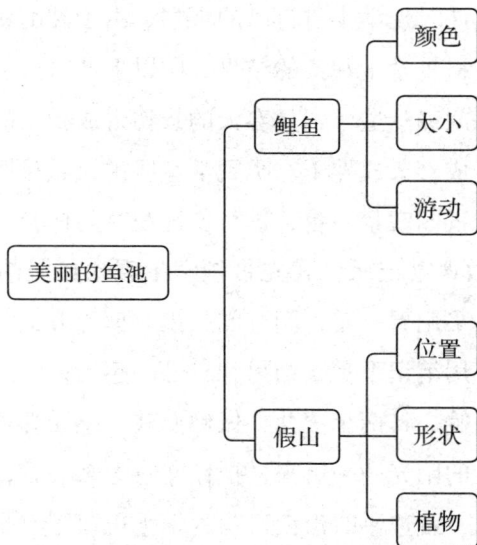

图2-2

学生练习：以"我们学校的鱼池很美。"为开头写一段话。

同桌互评：如果发现某句话不是围绕第一句话来写的，可以提出来并说明理由。

在教育心理学、语文教学心理学与教学法等领域颇有建树的朱作仁教授说，"读写结合"是学习语文的基本规律。语文教学中的"阅读"是内化的过程，"读"是理解、记忆的过程，也是发散思维、形成结构图式思维的过程，而"写作"是"运用"。我们在阅读过程中，记忆并积累了语言材料，在思维中形成了一定的表达图式，具备了"表达"的心理前提，在这一过程中，"读"还为"写"提供了范例，提供了"技能模仿运用"的直观形式。

三、细致观察，有材料写

谁的观察能力强，谁善于发现，谁就有取之不尽、用之不竭的书面表达材料。要让学生做到细致观察，我们要授之以"渔"。没有教方法，很多学生不知如何观察。记得有一次我上作文课，课前我布置任务让学生观察一处景物，上课时让学生讲自己的观察，由于课前对观察的方法指导不够，再加上没有检查学生观察的结果，所以上课时很多学生讲得粗枝大叶，有的学生更是胡编乱造，本是春天的景物讲成秋天的景物，在本地夏天成熟的水果也变成春天成熟了。听到学生所讲，我是哭笑不得，当即决定，马上带学生去校园观察一番，进行实地观察与体验。去之前我设计了一个表格，用于做观察记录。我先带领学生观察校园的一丛花，观察花朵、枝干、枝叶，采用看一看，闻一闻，摸一摸等方式，让学生边观察边讲出所观察到的，用笔记下观察结果和自己的感受；然后让学生脱了鞋在草地上走走，躺一躺，打两个滚儿，做做游戏，感受春草的绵软，青草、泥土的气息，春天的阳光……后来，把作文收上来一看，内容充实了，语言也生动有趣起来，就连平时没话可写的学生也写了有半页纸。看来有部分学生平时之所以写不出来作文是因为根本没有养成仔细观察的习惯，没有做好观察记录。

语文来自生活，生活中无处不语文。美国教育家华特指出：语文的外延与生活的外延相等。语文教学的开放性决定了语文教学内容的延伸性。语文素养的落实不应该仅仅局限于课堂和书本上的内容，更应该挖掘资源，整合资源，把课内外结合起来。

（本文在广州市教研室组织的小学语文教学论文评比中获一等奖，已经发表在《读写算·教学研究与管理》2019年5月第3期。）

夯实小学生作文基本功的策略

在一次全国小学语文"回眸课改十五载，直击教材新面容"创新课堂观摩研讨会上，我很荣幸聆听了作家贾平凹的报告——《当下的写作》。他用地地道道的关中方言娓娓道来，朴实、简洁的话语，有理有据，列举了一系列当下存在的写作问题，特别是现今中小学生的作文基本功训练的问题。他的观点和分析给我带来很多思考，让我反思，我们的作文教学的确存在一些问题，需要改进。

印象最深刻的是他讲到中小学生写作这一块，提到有三点要注意的地方：一是培养学生的观察能力；二是培养学生的想象能力；三是小学生作文时要强调写具体而不是一味要求用词语去概括，特别是运用成语。我很认同他所讲的这三点，在平时的教学中，也感觉这三点对于学生写作很重要，解决了这些问题，就解决了最基本、最根本的问题。而在我们平时的教学中，大多数语文老师会忽视这三点，一味地强调牢记知识，要求反复地抄写练习，课堂上反复告诫学生哪些是要考试的，要记住这个，要记住那个，课后甚至要求学生背熟几篇别人的作文。这样的教学目的只有一个，就是"考高分"，却忽略了学生应该在练习中获得的一些基本语文素养。当然有些基础知识是需要牢记的，像古诗文和优美词句等，是一定要背诵积累的，但不能什么都靠死记，像写作方面的技能是需要老师授之以"渔"的！

一、调动感官，培养观察能力

茅盾先生曾说，初学者，尤其不能不下苦功的是观察能力的培养。观察能力的培养，说起来，这是老生常谈的问题，老师们仿佛都知道要练好这项基本功。但我们在教学中有坚持去培养学生的观察能力吗？有具体计划分步骤地去落实吗？观察能力的培养并非一时兴起、朝夕之功，得有计划有层次地进行。例如，三年级上册第五单元要求学生学会仔细观察，并且把观察到的写下来。这个单元有两篇课文+两篇习作例文+习作，我们可以分层次去落实观察任务。每一课的课前、课中、课后各落实一个方面，侧重点可以不同。

（一）养成观察的习惯

心理学家说一个好的习惯的养成需要21天，那么，我们如何去帮学生养成观察的习惯？在这个单元里，我们可以把观察习惯的培养贯穿于课前、课中和课后。在本单元开始学习前，我搜集了一些观察小资料，包括观察方法，观察与发现等有意思的文章，贴在教室，营造一种氛围的同时给学生一些方法启示。在预习课文时，我布置学生观察周围事物。在开篇第一课时，课前3分钟开展交流：你曾经观察过什么？观察到了什么？可以在班里轮流说，也可以在四人小组内交流。这样慢慢地让孩子进入状态，学会留意身边的事物，初步感受到观察的乐趣。

（二）教观察的方法

要让学生做到细致观察，我们要授之以"渔"。这一单元的学习，不仅要让学生去体会作者是怎么留心观察事物的，是从哪些方面来写的，还要让学生在实践中掌握观察的方法。例如，在学习第15课《搭船的鸟》时，课堂上我引导学生揣摩作者写翠鸟的样子和翠鸟捕鱼时的动作的段落，归纳作者的观察方法，课后就要开始为单元作文做铺垫，布置观察作业，观察一种水果，引导学生从各种资料总结出观察的方法，以用眼睛看，用鼻子闻，用手去摸，用嘴去尝等方式进行观察，并且用思维导图的方式做记录。在学习第16课《金色的草地》时，课堂上让学生知道可以在不同时间段里观察事物的变化，引导学生对发生变化的现象进行思考，课后要求学生观察含羞草、太阳花、向日葵等在短时间内变化比较明显的植物，做观察记录。在阅读写作例文《我家的小狗》时，学生进一步懂得通过生活中的事例来写动物的性格和习性，一是写人和动物相处的事例，二是写小动物平时爱做什么。在学习这篇例文时我选了一篇同类文章，让学生做对比学习。通过比较异同，学生在脑海中形成写动物的结构图式。在学习《我爱故乡的杨梅》例文时，课堂上让学生知道连续观察才会有新的发现，如植物的果实会随着时间发生变化，果实的大小、颜色、味道都会随着时间改变，可以写这些变化，还可以写吃果子的感受和内心的想法。学习例文后，我让学生观察我买来的两种花生，一种是生花生，另一种是炒过的熟花生，让学生通过看、摸、闻、尝，做观察比较，并写下自己的观察和感受。课后让学生种花生、种豆子，设计观察记录表，记录一段时间内连续观察的发现。整整三个星期，循序渐进，学生在观察、记录、查资料，再观察、记录、反复尝试的这个循环中充实度过，所以学生在作文时有话可说，有物可言，对事物描写就比较具体。

（三）观察任务要具体

观察的任务具体，学生才更容易完成。例如，连续观察一种动物或植物，制作记录卡，或观察上学、放学时的情景，记录人物的神态、动作等。学生观察后，在课堂上，我们要进行反馈，学生是否细致观察，哪些方面做得好，哪些方面需要改进。只有持续循序渐进地做，学生的观察能力才会得到提高。

二、巧用资源，培养想象力

想象是人们在头脑中对已有的表象进行加工改造、创造新形象的过程。想象是极其重要的智力因素。心理学研究证明，小学生的心理发展正处于想象力培养的黄金时期，如果在这个时候采用适当的手段进行经常性的训练，就会收到事半功倍的效果。

如何培养学生的想象力呢？首先要有情境，有空间让他们想象。在平时的教学中，学习课文时，可以在理解课文的基础上，让学生在文本的"留白"处进行想象。例如，二年级上册《寒号鸟》一文，喜鹊忙着做窝，一早飞出去找做窝的材料，课文只写到"东寻西找"，并没有具体写它是怎么找的，我们可以让学生想象，它去过哪些地方找，可以设计一个填空题引导学生想象：喜鹊一早飞出去，它飞过（　　　　）来到（　　　　），飞过（　　　　）来到（　　　　）。这样既培养了学生的想象力，又让学生充分体会喜鹊的勤快。其次可以利用教材中的插图让学生想象故事情节，想象图中人物或动物之间的对话和心理活动。例如，二年级下册《大象的耳朵》一课，课文写了小兔和小羊见到大象时所说的话，但课文没有具体写小鹿、小马、小老鼠见到大象时说了什么，只是概括地写"小鹿、小马，还有小老鼠，见到了大象，都要说他的耳朵"。教学时，我们可以在比较小兔和小羊见到大象时所说的话的异同之后，让学生结合教材中的插图想象其他小动物见到大象会怎么说。这既培养了学生的想象力，又让学生练习了语言重组的能力。最后，可以利用优美动听的音乐激发学生的想象，音乐容易把学生带入特定的情境，使学生浮想联翩。

三、减少概括地写，引导具体地写

小学生作文时要强调写具体，而不是一味要求用词语去概括，特别是运用成语。贾平凹关于小学生作文少用概括性词语，特别是少用成语一观点，恐怕让很多老师吃了一惊，因为好多老师在指导学生写作文时，强调用上一些好词（包括四字词语、成语）。其实，大部分成语是比较抽象的，而小学生写作文要学会写具体。把看到、听到、感受到的具体叙述或描写下来，这样就已经很清新、朴实、生动了。"具体写"本来就是一项基本功的训练，对于小学生来说已经够了，若一味强调用成语概括，抽象的语言是很难打动人的。看到现在的一些作文书和报刊上面用华丽辞藻堆砌的作文，往往感觉似曾相识，内容空洞。

教无定法，只要抓住基本的，对学生的成长真正有用的，就是有效的教学。从最基本的练起，练好这些，就不用发愁学生不会写作文啦！

（本文已经发表在2019年4月的《广东教学报》上。）

小学语文阅读教学中语言积累和运用的策略

——观番禺区语文新秀评比课后随笔

在这花红柳绿、春意盎然的三月，我区四年一次的新秀评选又拉开了帷幕。虽说是新秀评选，但也是各校展现教学实力与课堂教学状况的好时机，与此同时，也给大家提供了相互交流切磋，共同进步的机会。听了好几节语文新秀评比课，在这些课中我惊喜地发现，无论是边远地带还是城区，新课程的理念都植入了教师的心里，而且转化成可操作的、有效的教学行为。这充分说明老师们对语文这门有许多争议的课程解读还是很到位的。这几节语文课上出了语文课的特点，主要表现在：课堂上应该要关注的"语言的积累和运用"被老师们牢牢地抓住了。强调这一点，并不是说语文课要忽视人文性，只重视工具性，而是说有的课矫枉过正，失去语文的味道。《义务教育语文课程标准（2011年版）》要求："语文课程应注重引导学生多读书、多积累，重视语言文字运用的实践，在实践中领悟文化内涵和语文应用规律。"在40分钟的语文课堂上，我们如何行之有效地进行语言的积累和运用？可以采取哪些策略？我以我区的新秀评比课为例，从以下几个方面来谈。

一、语言，在巧背中存储

《教育心理学》指出："在儿童的记忆仓库中，丰富的语言材料的储备，是理解和运用语言能力的必要条件，也是提高思维能力和智能活动水平的基础。"这"储备"的方法之一，就是熟读成诵。背诵，能将规范的书面语言"植入"记忆的仓库，逐步内化为自己的语言。语文课堂是学生积累语言的主阵地，背诵是丰富语言材料的好方法。课本中的许多课文都是文质兼美的佳作，我们要把教材作为载体，引导学生用心去品读、感悟、鉴赏、背诵。

背诵，要教给学生一些方法，可以列出提纲帮助学生，可以让学生分段背诵或根据段落结构的规律来背诵，还可以利用板书引导学生加强背诵，这些方法会起到事半功倍的效果。"搭桥铺路巧背诵"的教学策略，在本次新秀课中，都有很到位的体现。在我们平时的教学中，最好每一课结束时，留一些时间让学生分类积累文中的佳词妙句和精彩片段。每隔一段时间让学生交流积累的精彩片段，达到将这些语言材料长期储存在脑中的效果。

二、语言，在模仿中借鉴

学生听说读写能力的形成，主要不是靠掌握语言知识，而是靠语言实践，是在听说读写的实践中逐步形成的。"感受—领悟—积累—运用"是母语学习的基本规律，在语文学习中我们遵循这一基本规律，逐步培养学生遣词造句的能力。模仿是由积累到运用的必经阶段。在小学的低中学段，这种模仿显得尤其重要。在本次新秀评比课中，大岗中心小学林笑样老师在执教一年级下册《荷叶圆圆》一课时是这样设计的：在黑板上设置了"词语加油站"一栏，学生在读、说的过程中，积累了课文中"圆圆的""绿绿的""亮晶晶"等词；请学生模仿，说出类似"亮晶晶"的ABB型词，学生讲到"笑咪咪""干巴巴""红润润"等词时，加深了对这类叠词的认识，增强了在说话中使用叠词的自觉性。再如，东涌镇中心小学林爱芬老师执教一年级下册儿童叙事诗《两只鸟蛋》一文，在学习课文的第一小节时，让学生体会"凉凉的鸟蛋"可以说"鸟蛋凉凉的"；在讲解"小小的鸟蛋"和"鸟蛋小小的"表达顺序不一样但是意思一样这个课后练习时，老师的引导不仅停留在让学生达到理解层面，还让学生看课文的插图讲类似的词。学生如数家珍："天空蓝蓝的"也可以说"蓝蓝的天空"，"树叶绿绿的"也可以说"绿绿的树叶"，"小路长长的"和"长长的小路"意思一样，"杨树高高的"和"高高的杨树"意思一样。老师立刻展示部分词语让学生读，丰富了学生的语言储备。这两位老师都是在教学中顺学而导，顺势而导，这种做法是很有效果的，长期坚持下去，还愁学生肚里没有"货"吗？

三、语言，在拓展中吸收

学生语言的积累，语文素养的提高，仅依靠语文课本是不够的，还要靠课外阅读。要让学生对课外阅读产生兴趣，从课内拓展阅读很重要。在教学中适时补充与内容相关的资料，以一点引一篇，以一篇带一组拓展阅读，扩大学生的阅读面，增加学生的语言积累与运用。有位老师在教学《匆匆》一文时这样设计：从古至今，人们都在感叹时间的流逝。时间为什么一去不复返呢？这是很多人都在思考的问题。下面请同学们把自己搜集到的关于时间的文章、格言、警句、诗词拿出来，读给大家听，讲给大家听，说出自己的感受。说完后，要求学生用自己喜欢的形式，写出自己现在最想说的话，可以引用之前交流的一些名言警句。这个环节，让学生交流自己搜集到的资料，加深了对时间的认识，以时间为线索，背诵和理解一些诗词、名句、格言……学生就是在不断地、反复地运用中，增加了自身的语言积淀，吸收了他人的新鲜语汇。在教学中，恰到好处地拓展相关的资料，把课外阅读引进课内，拓宽了语文的学习领域。

四、语言，在补白中巩固

学会用个性化的语言表达自己的内心感受，表达自己的联想和想象，这是小学语文教学的较高境界。在课堂上给学生提供这类语言应用的机会，其形式也要丰富多样。例如，课文中常常有许多地方言犹未尽，引导学生对这些文本的空白处展开想象，既可以加深对文本的理解，也可以锻炼学生的言语表达能力，有时学生丰富的联想和想象是老师意想不到的。东涌镇中心小学的林爱芬老师在执教《两只鸟蛋》一课时是这样设计的：想象一下，焦急不安的鸟妈妈会怎样做呢，有的学生说："鸟蛋不见后，妈妈很着急，立刻到处去找。"有的学生说："它飞过田野、山坡，飞到很远的地方去找。"此时，学生在说的过程中就理解了"焦急不安"这个难点词。在阅读教学中，很多教师往往是为解词而解词，拿出一个个词单个理解，其实脱离语言环境的讲解或者停留在理解的层面都是意义不大的。我们只要创设一些情境，给学生运用语言的机会，有时难点就会迎刃而解。再如，榄核双翼小学的谢泳芳老师在执教《两只小狮子》一课时，是这样设计说话练习的：

1. 小狮子勤勤在练习的过程中，会遇到哪些困难呢？（想象说话）

早上，天刚亮，勤狮子就已经在＿＿＿＿＿＿＿＿＿＿＿＿＿＿。

中午，太阳高照，勤狮子又在＿＿＿＿＿＿＿＿＿＿＿＿＿。

晚上，天黑了，勤狮子还在＿＿＿＿＿＿＿＿＿＿＿＿＿＿。

2. 勤勤练习得非常刻苦的时候，懒懒又在做什么呢？出示图片和填空题目。（想象说话）

一只小兔子从懒狮子身旁跑过，它＿＿＿＿＿＿＿＿＿＿＿＿。

一只小老鼠大摇大摆地在懒狮子面前，它还是＿＿＿＿＿＿＿＿。

一只勤快狮子的形象与另一只懒惰狮子的样子，在说话中，在对比中，深深留在学生的脑海里，这些说话在特定的情境中，内容又与课文紧密相连，长期练习，学生语言表达的能力也就越来越强了。

五、语言，在迁移中运用

众所周知，一种技巧的习得是在不断练习的过程中才能逐渐掌握的。写作方法也是一样，要掌握表现人物特点的写作方法不是一朝一夕，一次、两次练习就可以的，而是要经过长期的迁移训练的。沙湾镇中心小学李蓉老师在执教四年级下册《鱼游到了纸上》时是这样做的：在反复朗读，揣摩感悟作者描写青年画画的动作一段后，引导学生总结作者通过神态、行为等描写表现人物特点的写作方法，在此基础上指导学生完成小练笔，学习描写表现人物特点的写作方法。为了更利于勾起学生的思绪，她二次开发教材，改变课后小练笔的形式为："围观的人越来越多。_____。_____。大家赞叹着，议论着。"让学生填写后，再通过集体评价和自己评价，让学生懂得欣赏别人和自己的好词佳句，达到迁移写法和积累语言的目的，可谓一箭双雕。再如，沙湾镇中心小学林思敏老师执教一年级下册《要下雨了》一课，在品读课文段落后，拓展"蜻蜓低飞"的原因，让学生了解。最后出示句子"蜻蜓从他头上飞过，小白兔大声喊：'_____？'蜻蜓边飞边说：'_____。'"让学生模仿燕子和小白兔的对话填空。学生以课文为例，学会怎么问话，学会怎么讲清原因，加深对"对话"形式的认识，进行语言的重组，内化了表达的方式。在语文教学中，教师要善于捕捉运用迁移的练习点，帮助学生积累语言素材。

六、语言，在揣摩中内化

在教学过程中，教师要善于引导学生捕捉作者的语言亮点，经常让学生在文本中圈圈画画点点，找出课文中让自己"眼前一亮"的词语和句子，反复揣摩。抓住那些学生虽然接触过但容易弄错的词语，或富于表现力的词语，进行重点训练。例如，引导学生领悟关联词在句子和文章中的特殊作用，知道用好一些关联词可以使文章过渡更自然，层次更分明。对于运用了修辞手法的词句和很有特色的语言文字，要引领学生去潜心体会其特殊的表达效果和精妙之处。内化后再通过运用去巩固，当学生掌握了大量的词汇和句型，积累了大量的素材，要用时便会"呼之即出，信手拈来"。

　　语文的学习是一个长期积累的过程，只有"厚积"，才能"薄发"，但只是积累，不去运用，久之，便会忘记。所以，语文教学不能只停留在理解词句的层面，要利用多种有效途径让学生进行语言的运用，常用才能常新。只有用过，才能使这些模糊的语言变成清晰的语言储备，有了丰富的储备，学生才能准确、生动地用语言表达自己的思想，抒发自己的情感。

　　　　　　　（本文已经发表在2012年3月的《番禺教研》上。）

小学生习作教学策略的研究

写作能力是小学生语文能力的重要组成部分，是语文素养的综合表现。义务教育阶段写作教学的目的是培养能适应社会需要的写作能力。可是学生一提作文就头痛，经常觉得没有什么材料可写，在各种各样的作文书里抄，写出来的作文千篇一律，假话、套话连篇，普遍存在真情缺失的现象。要改变这种现象，语文教师必须树立新的理念，改进习作教学的策略。

一、激发兴趣，让学生乐写

我国古代大教育家孔子曾说过："知之者不如好之者，好之者不如乐之者。"可见，无论做什么事，兴趣都是最大的动力。有了兴趣，就有了内驱力，让一个人干自己感兴趣的事，苦和累也只是小插曲，所以作文教学要充分激发学生的兴趣，使学生克服畏难情绪，使他们从难于下笔到乐于下笔。

（一）习作教学前充分准备

在习作教学中，有些教师往往在课堂前不作任何准备，直接布置习作题目，习作指导后就放手让学生去写。在这样的习作课堂上，学生由于心理反应和材料回忆的滞后性，往往感触不深。这种无准备的命题也会让学生觉得在打无准备之战，无话可写，如临大敌。因此，在习作指导之前，教师最好给学生提前布置习作题目，给学生充分的准备时间，在一周前或两周前开始让学生做准备工作，引导他们学会在日常生活中自觉观察，领悟思考，获得认识。通过一系列的写作前的准备工作，学生能够有目的、有意识地搜集整理资料，唤起生活中的记忆，为写作提供素材。

（二）习作教学时调动主体

作文教学不是培养未来作家的，而是培养学生的语文素养的。有的教师对学生作文要求太高，提出的习作目标不在学生"最近发展区"，当一部分学生努力去完成，还是达不到要求时，学生畏难情绪加深，慢慢地开始讨厌写作文。有的教师在训练学生习作技巧时，忽视了发挥学生的主观能动性，学生在不断的枯燥训练中逐渐失去了习作的兴趣。要使学生对作文有兴趣，就要根据学生的年龄特点设计作文主题和教学过程，关注不同层次的学生，充分调动学生的积极性。这个过程中教师可以通过多种多样的方式激发学生的习作兴趣，可以通过创设习作的情景来让学生身处其中，如让学生进行现场表演，给学生播放影片等，在学生对这些情景进行感官体会后，让学生把看到的、想到的、体会到的表述出来；可以把写作文与日常生活尤其是"玩"联系起来，尽可能地组织学生玩，玩得有趣，学生写作时就不用发愁；还可以把作文和学生的爱好联系起来，自己爱好的事就会有兴趣写，有材料可写，信手拈来，不用苦思冥想，写起来也会很生动。像组织参观和比赛，玩游戏，学做家务等都是符合儿童爱玩、好动、好奇的心理特征的活动。学生写自己亲耳听到的，亲眼看到的，亲自动手做过的，实践中想过的，自然会写出有真情实感的作文。

（三）习作完成后交流分享

要使学生对作文有兴趣，必须让学生的作文有更多的读者，让学生分享习作的快乐。可以常在学习园地展示学生的习作，可以编辑班级习作集传阅，还可以鼓励学生投稿发表习作，让学生得到情感满足。经常组织习作展示和交流也是激发学生写作兴趣和提高学生写作能力的重要措施。

二、培养能力，让学生会写

《义务教育语文课程标准（2011年版）》提出的阶段性目标对于培养学生的写作能力有了具体的要求，如培养学生的观察力、想象力，收集整理写作素材的能力，分段表述的能力、正确使用标点符号的能力和自己修改习作的能力。但很多教师忽视了对学生写作能力的培养。忽视了能力培养和训练的一个严重后果就是，学生写作的模式化倾向严重，缺乏个性。所以培养能力是根本，至关重要。

（一）在观察中积累材料

观察力强不强是作文能否写好的重要因素。小学生由于心理发展不够成熟，所以自我控制力不强，在观察事物时容易受其他事物的干扰，注意力被转移到原本不是观察重点的事物上。小学生在观察中还经常出现的一种心理特征就是缺乏精细的辨别能力，只观察到事物的大致轮廓，忽视事物的重要细节。教师应该了解和把握小学生的这种心理。每次观察训练中，教师应该心中有数，如先设计做观察记录表，教给学生观察的方法等，这样组织学生观察时才能具体、细致。培养学生的观察力有很多途径，一是可以利用各种活动教会学生观察。开展适合学生年龄特征的活动，让学生留心观察周围的人、物的情况，容易事半功倍。例如，做小实验"捏不碎的鸡蛋"，先提出观察要求，再开始实验，当学生积极主动想尝试时，教师注意要找典型的学生，或是身材一胖一瘦，或是性格不同的学生上来试捏鸡蛋，活动后既要让学生讲捏鸡蛋同学的动作、神态和下面观众的言谈举止，又要引导学生回忆在活动过程中的整个场面气氛。有些细节学生可能没有留意，为了更好地指导观察，有材料可写，把活动情景拍摄下来再观察，让学生抓住典型人物，时间长了，学生就会养成观察的习惯，而且会观察。二是把学生带到大自然或社会中去，对各种现象进行实地观察，写观察日记，大自然的一山一水、一草一木、日月星辰都是学生感受的对象，细心去体察生活，积累感受，练就一颗敏感的心。引导学生观察生活中不同事物的区别，要捕捉事物的特点。例如，让学生在学校操场或公园找4~5种不同的树叶，写写叶子不同在哪里；用手碰碰含羞草看有什么变化；观察自己养的小动物，观察小动物吃食和玩耍时的表现等。日记是重要的生活记录，是生活习作的重要形式，把身边那些快乐的、感触深的事物坚持记录下来，有了这些生活素材的积累，学生写作必定有话想说，有感而发。

（二）在取舍中学会选材

学生积累了一定的写作素材后进入分析和组织的过程，是完成习作的构思阶段。学生在这一阶段要对之前获取的材料进行加工和整理，通过思维的有序化让构思逐步由模糊走向清晰。从生活中获取的材料众多，而且大部分是片段性和零散化的，这些材料不能完全写进文章中去，这就需要进行取舍。材料是文章的基础，直接关系到主题的表达，要能围绕中心选择材料，力求材料的真实、准确、典型、新颖。

1. 选择真实的材料

《义务教育语文课程标准（2011年版）》中要求小学生能够将自己亲身经历的事，自己的真实感受表达出来。有人认为有的学生为了应付考试，为了赢得高分，在写作中有时虚构，有时违心，这些都是不可取的。这和成人写作中的虚构不一样，因为孩子年龄小，习作刚起步，最重要的不是虚构而是要练好基本功。这个观点和语文课程标准不谋而合，真情实感是作文的灵魂。有了这样的灵魂，以后可以走得更远。记得荣获首届冰心作文奖小学组一等奖的一篇作文，是浙江省诸暨市一年级小学生郦思哲写的《妈妈回来了》，此文在海内外5万多篇作品中脱颖而出。原文如下：

前段时间，妈妈去杭州学习，去了好长时间，可能有一个月吧。今天，妈妈终于从杭州回来了，我非常高兴！因为妈妈的怀抱很暖和，因为妈妈回来了，爸爸的生日就能过得更好，因为妈妈在家里会给我读书……妈妈不在家的时候，我很想她，想妈妈的感觉，是一种想哭的感觉。

这篇短文仅107字。据说这篇作文获奖是因为一个字——"情"。自己亲身经历的事，才能写出真情实感，这样的文章才会打动人。

2. 选择围绕中心的材料

写任何一篇文章，都应有一个中心，有的是抒发自己的思想感情，有的是表达自己的观点或想法，还有的是向读者说明一个道理……所以选材时要根据中心的需要合理选择。确定了要写的材料，究竟哪个部分应该多着笔墨，哪个部分应该一带而过，需要根据表达的主要思想将材料分清主次。这种分析比较的能力对于刚开始学习写作的小学生来说往往比较缺乏，他们容易把所有的材料都写得一样具体或者一样简单。因此在这一过程中，教师应该着重培养学生判断材料和围绕中心选取材料的能力，让学生深入理解材料，使学生具备对材料进行再认识，透过事物现象把握事物的能力。

3. 选择典型的材料

学生在写作中，有时会发现可供选择的材料不少，不知选哪个好，或者索性全都用上。这就要求学生习作时精心选择，细心比较，挑出最典型的材料来写。如同做菜一样，做之前，要摘下没有用的，去掉菜根和黄叶。写作文也是这样，要写最有用的，也就是自己印象最深、最难忘的。要让学生学会选典型的材料来写，不训练是不行的，要多实践，在实践中给学生"拐棍"，让他们先扶着走，等他们明白其中道理后，就可以撒手了。

4. 选择新颖的材料

同一个作文题，可以从不同角度写出不同方面的文章。选材的角度常常在某种意义上决定了一篇文章的新颖性，要避免人家写过的、大家司空见惯的材料。有时从命题的反面来选材，也常常能发现许多有新意的材料。

（三）在阅读中学表达

典型的材料和精巧的构思要通过语言这一工具才能表达出来。写作是由内部语言转化为书面语言的过程，在这一过程中，小学生往往会出现一些心理方面的障碍和问题，写不出已经构思好的材料。要克服这些障碍就必须依靠教师在阅读教学中训练学生的书面表达能力，教师应该引导和教会学生储备语言材料，教会学生寻找适当的词汇和方式去描述事物。

1. 博览群书，丰富"内存"

"读书破万卷，下笔如有神。"学生作文，需要从阅读中汲取思想营养，语言材料和作文各式各样的范例。俗话说"熟读唐诗三百首，不会吟诗也会吟"。让学生走进阅读的殿堂，开阔他们的眼界，丰富他们的阅历，有目的、有针对性地读，指导学生做读书笔记，才能扩大"内存"，使学生具有较强的驾驭语言文字的能力。翻看古人所写的诗词和文章，你会发现，前人的精辟的词句，后人都会有意和无意地用在自己的作品里，但也不是完全照搬，会有自己的情感和创新在里面，因为那些意韵深刻的字句毕竟是前人"语不惊人死不休"的上乘之作，所以要帮助学生找到适合他们口味又易于他们吸收的短小文章熟读成诵，让学生觉得学有榜样。五年级上册《我的"长生果"》一课是著名作家叶文玲的一篇散文，写她少年时代的读书生活，她阅读的范围与深度随着自己的成长在不断扩大与增加，在醉心的阅读中，她由囫囵吞枣，不求甚解到养成做读书笔记的习惯。由于她从小阅读丰富，所以作文水平超群。她从两次写作中悟出的道理是值得我们老师和学生借鉴的。

2. 读写结合，循序渐进

语文教学的任务究竟是什么？叶圣陶先生的权威解释："彼时同人之意，以为口头为'语'，书面为'文'，文本于语，不可偏指，故合言之。"可以看出发展口头语言和书面语言，是反映语文学科本质特征的任务。每一篇课文都是学生学习写作的例文，所以语文课教的一些语言和知识，不能停留在"领会"这一水平上，要以运用语言的环节为中心，通过读写结合的方式，让学生将一部分词句内化为自己的语言，并掌握例文的写作方法。有人说模仿是学作文必须经过的一个台阶。作文能力的培养绝不是光靠作文课就能完成的，我们可以化整为零，从阅读课文的主题单元整体出发，寻找一系列有效的读写结合点，找出读写结合的最佳切入点，螺旋式前进，如仿写段落结构、有特色的句式，补充文中的空白点，文本的续写等，引导学生在读中学写，读中练笔，按不同的主题单元形成一个训练的系列，为"单元大作文"做好铺垫，实现阅读和写作双赢，有效地解决学生由于缺乏积累，包括写作素材、表达方法等各方面都储备不足导致怕写作文的问题。例如，学习《富饶的西沙群岛》一文时，要求学生仿照第四自然段总分的写法，以"大扫除同学们干得可起劲啦"为开头写一段话。再如，我国著名的特级教师于永正，他在阅读教学中很重视读写结合，读写结合点寻找得非常准确，能从课文和学生的实际出发，为学生提供写作素材。他上《新型玻璃》一课，文中介绍了五种新型玻璃，待学生弄明白它们的特点和作用后，于老师在黑板上写下了"自述"两个字，然后把全班分为五组，第一组写"夹丝网防盗玻璃自述"，第二组写"夹丝玻璃自述"，第三组写"变色玻璃自述"，第四组写"吸热玻璃自述"，第五组写"吃音玻璃自述"。于老师说："现在你们都是新型玻璃了，请把你们各自的特点、作用写出来，为自己做个广告，看谁会夸自己。当然喽，要实事求是，不要吹牛。"于老师利用课文提供的材料进行了作文训练。采用"自述"的形式，激发学生的想象与联想，很有趣味。这也是改变人称和语言重组的训练。

3. 在修改中练技巧

好文章是改出来的，对小学生的修改能力的培养也很重要。《义务教育语文课程标准（2011年版）》中要求小学生在三、四年级学习修改习作中有明显错误的词句，在五、六年级修改自己的习作，并主动与他人交换修改。学生开始并不懂得要修改自己的习作，要让学生养成自改的习惯是一个重要而艰巨的过程。作文修改问题是小学作文教学的重点和难点。学生开始萌发自改的意识是始于教师在一、二年级写话教学中要求学生读一读句子，看看句子通顺与否这个教学环节。到三、四年级教师就应该开始有意识、有目的地培养学生的自我修改能力，主要通过展示学生习作，表扬优秀习作等方式进行。到了五、六年级，学生随着年龄的增长已经有自我监督的意识，学会自我修改习作。培养学生的修改能力，首先要求教师要激发学生的自我修改动机，使学生产生自我修改的意识。这可以充分激发学生的主观能动性，使学生具备自我修改的内驱力。其次要让学生逐步掌握自我修改习作的要求。有目的、有步骤地训练学生，确定某一时期修改的重点，集中训练学生某一方面的自改。实验证明：教师不同的指导方式对学生修改成绩的影响很大，是否给学生准备时间用于修改对修改成绩产生极其显著的影响，呈现何种指导内容给学生修改对修改成绩产生非常显著的影响。这就要求教师要在习作课堂上给学生充足的时间修改，指导学生修改时，要具体地把有关审题、立意、选材、言语表达的要求和容易出现的问题总结出来讲授给学生。引导学生自我修改习作，可以给出方法，集体修改。先为学生提供修改的范例，再让学生在课上集体修改。在这个过程中要重视让学生进行同学互评互改和反复推敲。自我修改的环节，学生通过反复朗读的方式推敲字词，改正语病，整体把握文章结构，对文章进行润色等。

经实验证明：言语表达能力在三、四、五年级占有重要地位，是写作能力中的主导因素。到六年级时，修改能力在写作能力结构中的位置已经发生了质变，跃为第一主导因素，对写作能力的总分影响最大。四年级是写作能力发展的关键期，要抓住这一发展良机，高效率培养学生的写作能力。

（本文已经发表在2011年4月的《现代阅读》上。）

落实语文教学有效性的策略

《义务教育语文课程标准（2011年版）》的实施建议部分指出语文教学要注重语言的积累、感悟和运用，注重基本技能训练，让学生打好扎实的语文基础，同时要注重开发学生的创造潜能，促进学生持续发展。课程改革已经有好几年了，《义务教育语文课程标准（2011年版）》已经给我们语文教学指出了明确的方向。可是我听了许多语文课，发现语文教学的有效性没有落实，特别是阅读教学方面，依然存在亟待改善的状况：问题琐碎，一节课没什么意义的问题多，串讲串问整节课的现象依然大量存在；没读熟课文就开讲，课文学完学生还读不顺的情况也不少；一节课，老师啰啰唆唆，重点没有抓住，难点没有解决。一节课到底要教什么，怎样教，学生学什么，教师心中也没底，这样的语文教学有什么效率？如何提高语文教学的有效性呢？笔者认为可以从以下这四个方面入手。

一、分析教材，把握纵横联系

常听名师们说，要提高语文教学的有效性，对自己所教的教材要了如指掌，站在一定的高度设计教学。我非常认同这个观点，要做到这一点，我认为首先要整体把握教材。教师在上课前应该全面、系统了解所教的这一册教材，甚至是整个学段的教材。除了从头到尾把本册教材浏览或者细读一遍，做一个全面的分析，还可从教师用书中的说明部分，了解这一册教材的基本结构、教材的主要特点和教学中要注意的问题等情况，其中不乏一些宝贵的经验和方法值得借鉴。这样在我们的头脑中会有一个大的知识结构和能力训练的框架，做到心中有数。其次要吃透教材。备课时不但要明白教材的编排意图，学段目标，还要清楚每一个单元的重难点，语文能力和知识点的分布等。现在的语文教材每个单元以"主题式"或"归类式"结构呈现，而且每个学段的知识点和技能训练构成螺旋式上升结构。由于每个单元的着重训练点和要关注的点不尽相同，所以每一篇课文除了要学习基本的生字词外，还有不同的侧重点。因此上课前要仔细研读，如果和文本有充分的对话，那么一节课到底要教什么，怎样教，学生学什么，怎样学，教师就会胸有成竹了。语文界有名的领军人物王崧舟老师在谈到"细读教材"时说到，很多时候他在备课时要细读文本50多遍，才找到一些关键的点，达到突破教材的重难点和实现"三维"的教学目标。而有的老师，根本没怎么研读教材，更不要说钻研教法和学法了，拿起买回来的教案看看就算是备课，这样备课有用吗？每个人对教材的理解深浅不同，教学思路和关注点不同，每个地区的教学还存在一定的差异，学生特点也不同，如果拿起别人的教案照本宣科，有效性从何谈起呢？别人的教案只能作为一种参考而已，要想课堂教学有效，教学时游刃有余，就必须课前下功夫，吃透教材。

二、厘清文本，抓关键问题

学习一篇课文要抓住关键问题，一个关键的问题有时就是一条主线或一个探究的主题。用关键的问题引领学生去感悟、去品析文章的重点语段，就可以避免问题琐碎，串问串讲一节课。如何找关键的问题？其实从课后的问题不难看出，一节课紧紧抓住课后的问题，就抓住了重点和难点。中高年级的教材，每个单元前面的导读已经提示了单元的训练点。就拿五年级下册来说，第五单元导读中这样要求：要理解主要内容，感受人物形象，体验阅读名著的乐趣。在本单元第二篇课文《草船借箭》中，结合导读和课后的问题可以看出，"神机妙算"这四个字在文中的体现最具研究价值，集中了研究主题，所以确定主要探究的问题应该是："诸葛亮到底神在哪里、妙在何处？把你认为最能表现诸葛亮神机妙算的句子画出来，再用心体会。"学生在句、段的品读中揣摩诸葛亮的"神机妙算"，这样设计，摆脱了"多余的情节分析、烦琐地提问"的传统模式。第七单元导读不仅要求感受人物形象，还要体会作家描写人物的方法。这个单元是在第五单元的基础上，提高了一个层次。例如，《人物描写一组》课后第二小题是：小嘎子、严监生、王熙凤分别给你留下了怎样的印象？你是从课文的哪些地方体会出来的？第三小题是：找一找最能表现人物性格的语句，读一读，体会这样写的好处。第三小题是建立在第二小题的基础上，要求体会作家描写人物的方法，这和单元导读提示也紧扣在一起。这两个问题就是本课要学习的关键问题，如果解决了，也就完成了教学重点任务。当然不同类型的课文教法、学法有所不同，课堂抓住一两个关键问题，让学生去品读、探究，去讨论、辨析，从而内化语言文字，锻炼学生的思维。这样，教学有效性会体现得更加充分。

三、凭借文本，学会表达

《义务教育语文课程标准（2011年版）》指出语文教学要注重运用语言，训练基本技能。学语言就是为了用语言，基本技能不通过训练是不可能形成的，所以语文课应该以语言运用为中心。叶圣陶先生说，语文教材无非是个例子，凭这个例子要使学生能够举一反三，练成阅读和作文的熟练技能。其实，任何一种技能的形成都有赖于大量的实践活动。反复给学游泳的人讲游泳的知识和技巧，不让他下水实践，他是永远学不会游泳的。如果语文课堂还是仅仅停留在让学生理解字、词、句、篇的层面，阅读和作文的熟练技能，举一反三的能力是不可能练成的。那么我们怎样用好教材这个"例子"使学生能举一反三？我在教学四年级下册《桂林山水》一课时的两次不同的处理方法，让我领悟到语言习得的有效途径。该课的第2自然段写漓江水的特点，用了一个排比句：

"漓江的水真静啊……   漓江的水真清啊……   漓江的水真绿啊……"

这句话既突出了漓江水的特点，又让人读后如在画中。排比和比喻的修辞手法的运用让人感到景物描写得非常具体、形象。在理解和熟读成诵的基础上，我设计了一个这样的练习：仿照这个排比句来描写我们学校操场上的草或公园里的花。我原以为比较难，学生可能不会，结果出乎意料，有的学生写道：

"操场上的草真密啊，密得看不见一点儿缝隙；操场上的草真软啊，软得就像一张沙发床；操场上的草真绿啊，就像铺了一块绿毯。"

还有的写道：

"公园里的花真多啊，多得就像走进花的海洋；公园里的花真香啊，香得让人舍不得离去；公园里的花真美啊，美得像仙女下凡。"

有一半同学仿写的句子语言优美，充满丰富的想象。让我没想到的是在本单元的习作中，很多人在写所观察到的景物时，也用到这种句式，学生能有意识地"举一反三"。以前上这一课时，我没有这样设计练习，所以学生即使是背诵了，在习作中也不会用。所以说学语言就是为了用语言。常常运用所学的语言，学生对语言的感受力会逐渐提高，写作的水平也就随之提高了。类似的例子还有很多，比如，我在教学五年级下册《桥》一文时，在第一课时，教了生字词后，在学生理解字词的基础上，选"咆哮、放肆、狞笑、狂奔、势不可当"5个生词让学生说说当时洪水凶猛的状况，有很多学生能很流畅地把所给的生词全都用上，这样在运用所学生词时学生也加深了理解。我也发现有的老师在教了一课的生词后，让学生用上这些词来概括文章的主要内容，这真是一举两得，既锻炼了思维能力，又内化了语言文字。很多老师常抱怨学生学习了却不会用，我觉得是没有及时创造机会让学生运用，长期下去，学生对语言的感受力降低，变得不敏感，没有意识去用，学的东西很快就遗忘了。所以教了就要让学生运用，才能让学生打好扎实的语文基础。

四、拓展文本，激发想象

想象是一种立足于现实而跨越时空的创造型的高级思维活动，在人的思维中占有重要地位。想象力是创新能力的核心要素之一，所以在教学中我们要不失时机培养学生的想象力。例如，续写未完成的童话，学完《坐井观天》后，以"青蛙跳出井口一看，他看到……"为开头进行续写，学生不仅能加深对课文的理解，而且也能从中感受到想象的乐趣。再如，改编童话故事，《乌鸦喝水》一文，如果乌鸦找不到石子，还有其他的办法吗？再编个《乌鸦喝水》新传。让学生开动脑筋，发挥想象。五年级下册《自己的花是让别人看的》一文第3自然段有这样一句话："家家户户的窗子前都是花团锦簇、姹紫嫣红。"我让学生说一说读了这个句子后所想象到的景象。学生要根据"家家户户""花团锦簇""姹紫嫣红"这几个词语进行想象，脑子里就会像放电影一样，浮现德国的景色，最后用自己的语言描述出来。这样既加深了对德国民族风情的感悟，又实现了语言的重组练习。除此以外，一篇课文中作者的"留白"也是开发学生想象力的突破点。有一位名人说："如果没有想象，思维就像鸟儿折断了翅膀。"可见想象是多么重要啊！

找准读写聚焦点，提升小学生的读写能力

语言是一种交际工具，是一种技能，知识是懂不懂的问题，而技能是会不会的问题，任何一种技能的形成都有赖于大量的实践活动。运用语文包括阅读和写作两个方面，读写结合是提高阅读能力和写作能力的根本方法。所以在语文教学中让学生学习语言，不能停留在"理解"和"领会"这一水平上，而要以运用语言为中心。"以语言运用为中心"是儿童快速学习语言的根本途径与方法。儿童是在与人交际的过程中，在语言的运用过程中学习语言的。而教师在阅读教学中通常是：教师引导学生，分析内容，理解词句；围绕内容，组织学生读书，讨论；对语言的学习仅仅停留在理解层面，很少去引导学生运用；经常把课文的学习和作文的指导两者完全独立开来，阅读教学中很少渗透与写作相关的教学。这样一来，虽然教师花了大量的时间来讲解一些写作的技巧和方法，学生却常常感到难以下笔或言之无物。学生的作文没写好，教师并没想到从阅读教学上找原因。那么我们如何突出重点，精讲多练，把读和写紧密结合起来，提高学生语言表达能力呢？

一、明确读写的目标，有的放矢

读写结合要根据每篇课文的特点进行，从一个学期来看，必须有计划，有步骤。先根据《义务教育语文课程标准（2011年版）》（以下简称

《语文课程标准》）中的年级要求，确定一个学期的作文重点要求，然后再根据每篇课文的特点，将学期要求分解到各篇课文的教学之中。每篇课文的教学都可以进行读写结合的练习，但无论是把课文作为例子，还是当作材料来用，都要考虑学生的生活实际，须根据学生学习表达的阶段性特点来进行。明确小学语文低、中、高年级读写的目标，我们才能有的放矢。

低年级：一年级的学生，首先要有句子的概念，会说（写）几种简单常用的句子，如"谁做什么""什么地方有什么""什么像什么""什么是什么""什么从什么地方怎么样""前面是什么"等简单句式；其次是认识多种句式，能看图说几句话；最后是会表达自己所看、所想。对二年级学生要求会稍高些，如会写有四要素的句子，包括时间、地点、人物、事件；会写问句和感叹句；能够加上合适的词语，把句子写得更具体，更生动；能够按要求说、写句子，如"把"字句、"被"字句和比喻句；能连词成句；会看图编写（说）故事。

中年级：熟悉总分、因果、承接、并列这四种类型的段落，并会写；能抓住特点写人；按一定的顺序写事，将事情交代清楚；写景状物，能按一定的顺序写，会抓住特点写清楚；写想象的文章能进行大胆的想象；写见闻、感受，能写出自己觉得新奇有趣或印象最深的地方，内容比较具体；学会把一段话写具体，如学会按时间顺序、按事情发展顺序、按方位顺序写一段话，逐步向写篇过渡；会写过渡性的句子、广告词，能熟练运用拟人、比喻的修辞手法等；学习写"理解层面"的批注，如质疑问难，评点人物，读后的简单感受等。

高年级：能合理安排段与段之间的结构，学会谋篇布局；会运用列数字、举例子、打比方等说明方法；学会转换人称写、续写、扩写、缩写；能够把一个场景写具体，写清楚；能围绕一个意思把内容写具体；能通过人、事、景、物来表达情感；能够把参与的、看到的活动写下来，把活动的经过写清楚，写具体；会写读后感和教材要求掌握的应用文；会用简洁的语言写文章或影视作品的梗概；学习写"解释层面"的批注，如欣赏语言，评点表达方法，生发联想等。

二、找准读写结合的聚焦点，省时高效

课内的读写结合，要充分挖掘教材蕴含的资源。每一课都有一个"聚焦点"，它往往是所选文章最突出的一个写作技巧。要找准读写的聚焦点，可以参考课后的"研讨与练习"，课后的"研讨与练习"在设计上与教材内容紧密结合；还可以根据单元学习要求和教材特点，设计各种层次的读写结合练习，在语文实践活动中提高学生的语文能力。下面从词、句、段、篇这几方面来具体说明如何实施。

（一）词语的训练

《语文课程标准》要求学生会运用大部分学过的常用词语，可是在实际的教学中，学生真正能在语言实践中运用的却不多，这说明词语教学不到位。《语文课程标准》中明确指出"语文教学要注重语言的积累、感悟和运用，注重基本技能训练"。但是在阅读教学中，很多教师往往是为解词而解词，拿出一个个词干巴巴地讲解。要训练学生的语感，脱离语言环境的讲解或者只停留在理解的层面都是意义不大的。要提高词语教学的效率，就要重视理解、积累和运用词语的训练。下面《画家和牧童》的一个教学环节设计中，教师通过创设情境、近义词互换等多种方法，引导学生理解、积累、运用新词，从理解到运用，层层推进，省时高效。

师：除了商人和教书先生夸赞了戴嵩的《斗牛图》，围观的人中还会有谁在夸赞？

生：官员，戴嵩的朋友、亲人等。

师：商人用"绝妙之作"来夸赞戴嵩的画画得太像了，你还可以怎么夸赞？（出示课件："画得太像了，画得太像了，＿＿＿＿＿＿＿！"）

生：画得太像了，画得太像了，简直跟真的一样！

生：画得太像了，画得太像了，真是太逼真了！

师：出示词语（上乘之作、栩栩如生、惟妙惟肖、出神入化、活灵活

现），将这些词语代入句中，自由练说。

生：画得太像了，画得太像了，这真是栩栩如生！

生：画得太像了，画得太像了，这真是惟妙惟肖！

师：你夸，他夸，商人夸，教书先生夸，所以书上说围观的人"纷纷夸赞"。课文中还有哪些词语表示夸赞？

生：称赞、赞扬。

师：你还知道哪些词语呢？

生：赞不绝口、表扬。

师：谁来说说这个句子："画得太像了，画得太像了，这真是_____！"

_____。

生："画得太像了，画得太像了，这真是活灵活现！"一位戴嵩的朋友赞不绝口。

整个环节的设计结合一定的情境，教师深入地挖掘既符合文本要求又不仅仅局限在文本内的知识，为学生提供了语言环境，使学生从易到难，开阔了学生的思维，让学生积累并运用了语言，以达到提高学生语文能力的目的。这种形式的读写结合很适合低年级的学生，在教师创设的情境中，新词语特别容易理解，运用起来也更加自如。所以我们在低年级的阅读教学中要采用各种生动的形式让学生不断地积累、运用新词，为中年级的习作打下坚实的基础。

（二）句式的训练

俗话说："一句话，百样说。"语文教学中句子的训练，不仅是理解句子的意思或读懂一些句子方面的知识，更重要的是认识各种常用的句式，要进行积累和仿写句式的训练，如低年级课本中有许多优美的儿歌，它们具有鲜明的形象性，可以在学生理解诗歌主要内容的基础上，让他们展开联想和想象进行仿写，使其渐渐进入诗歌的佳境。例如，二年级上册《"红领巾"真好》一课，诗歌中3个小节都是采用一问一答的形式，写出了林中小鸟的活跃，快乐。学完课文可以让学生用这种方式练习续编诗歌。教师先展示下水文：清晨，动物园里谁最漂亮？是无瑕的白孔雀，展开尾巴，昂首挺胸，一会儿散步，一会儿到水边看看自己美丽的倒影。然后让学生创作。再如，一位教师在教学《桂林山水》时这样设计读写结合：

师：要是把这句话换种写法，（出示对比句：漓江的水静得让你感觉不到它在流动；漓江的水清得可以看见江底的沙石；漓江的水绿得仿佛是一块无瑕的翡翠。）与课文中的句子对比，哪句写得好？为什么？

生：还是课文中这句写得好，因为用了感叹句，语气比较强烈。

生：我也觉得课文这句写得好，把作者赞美漓江水的强烈感情写出来了。

师：同学们真会读书，说得很好。不错，这句话运用了感叹句，抒发了作者对漓江水的赞美之情，让我们能够强烈地感受漓江水的美。

师：如果把这句话再换种写法，（出示句子：漓江的水真静啊，静得让你感觉不到它在流动；漓江的水很清，可以看见江底的沙石；漓江的水绿得很，仿佛是一块无瑕的翡翠。）现在，哪句话写得好呢？为什么？（同桌一人读一句）

生：我还是认为课文中写得好。因为用了"真静啊""真清啊""真绿啊"，读起来朗朗上口，而上面的句子，感觉有点乱。

生：我觉得课文中写得好，因为课文中这句话是个排比句，写得十分有节奏感，更令人体会到漓江水的美；而上面的句子没有运用排比，显得有点零乱。

师：是啊，这句话运用了一组句式相同的语句，也就是——（生：排比句）。这样一来，语言优美，节奏明快，读起来——（生：朗朗上口），让我们能深切地体会到漓江水的美。

师：你能不能用刚才学到的方法写写校园的草坪或校园的花？

（课件出示学校的风光，学生小组讨论后练写。）

这个重点句子是描写漓江水的精华所在，教师引导学生细致咀嚼、品味，帮助学生领悟语言内涵，学生不仅可以体会到语言的准确、形象、生动，还可以品出句子蕴含的情感美、韵律美，在此基础上，让学生用学到的方法写校园的草坪或校园的花，举一反三，在迁移运用中提高了学生的语言表达能力。

口头语言是书面语言的基础，特别是1～2年级，学生年龄小，处于口头语言向书面语言过渡的关键期，发展口头语言尤为重要，所以各种形式的说要紧紧跟上。教师在平时的课堂上，要尽可能多地给学生创造一些说话练习的机会，为以后的习作打下语言方面的基础。一年级下册《荷叶圆圆》这篇课文洋溢着童真、童趣，是一篇发展语言、培养想象力的好课例。例如，在学生熟读课文、理解课文后，一位教师出示了这样一段话：

蝴蝶说："荷叶是我的舞台。"

青蛙说："荷叶是我的遮阳伞。它给我的夏天带来清凉。"

师：如果我送你一片荷叶，荷叶是你的……

3分钟思考时间过后，小手如林：

生：荷叶是我的遮阳伞，在炎热的夏天我要用它来遮阳。

生：荷叶是我的面具，我要用它和小朋友玩游戏。

生：荷叶是我的扇子，我要用它来扇扇风。

（三）段的训练

文章是由段组成的，一段话往往是一篇短文。练好段是为高年级读写整篇打基础。段的训练是中年级的教学重点，怎样练好段呢？要侧重练好段的结构。三年级上册《富饶的西沙群岛》一课，凭借本课句群种类多、结构典型的有利条件，进行段落结构的分析，让学生认识其特征，明确句子之间的逻辑关系。在作文时，写好片段，从而提高学生的写作能力。一位教师这样设计：

师：课文第3自然段分别介绍了海底的珊瑚、海参和大龙虾，可不可以把这几句话的次序调换一下来介绍呢？为什么？

生：可以。因为都是写海底的动物。可以先写……

师：像这样把几个不分先后顺序、主次的句子写在一起的段落就叫并列段。

练习：写并列结构的段，可以介绍家乡的水果，可以介绍花园的花，还可以写其他。

以上教学过程，教师着重引导学生关注一段话里句与句之间的联系，一句话一句话是怎样连成段的，使学生掌握句与句之间的关系，让学生获得知识后马上运用，进行巩固强化，学生可以将学到的知识转化为技能。

（四）篇章训练

语文教材文质兼美，在教学时，要学习课文连句成段、连段成篇的方法。从小学生语言运用和表达这一方面看，需要学习掌握的段篇方面的知识和技能很多，如在表达方法方面有叙述、描写和说明等知识和方法，在篇章方面有开头、结尾、过渡照应、组织材料的结构方法，详略安排等基本知识。观察小学生日常语言运用情况，运用得最熟练的是叙述，而要把作文写具体，关键在描写。学习描写的方法，是学习表达方法的重点。课文中大量具体生动的人物描写、事物描写、环境描写的语段都是可借鉴的范例。例如，《少年闰土》的人物描写极富典范性，在授课时教师抓住其中人物描写的示范点，对学生进行读写结合的训练，十分有效。首先，教师让学生找出课文中描写少年闰土外貌的句子，读后进行讨论："你从少年闰土的外貌描写中看出，少年闰土是一个什么样的人？"学生体会到：从"紫色的圆脸"可看出闰土是一个经常被太阳晒、海风吹的孩子，还可以看出他经常劳动，是一个能干的人；从这些外貌描写中可看出少年闰土是一个十分健康、可爱的农村孩子。这时，教师再点拨，让学生懂得对少年闰土的形象身份的认识和概括都是从对少年闰土的外貌描写中体会出来的，说明外貌描写能让读者准确地认识人物。这时教师再抛出一要求："课文中没有写出'我'的外貌，根据'我'当时的年龄和身份想象'我'的外貌，写出'我'的外貌特征。"学习完课文，最后总结："学习了本课，你学到哪些刻画人物的方法？如果让你写自己熟悉的人，怎样才能把人物的特点写出来？"这样，把阅读教学与写作教学有机地结合起来，通过平时的读写训练，实现阅读与习作共享策略知识。再如，六年级下册《北京的春节》是著名作家老舍先生的一篇散文，学习本课，要着重体会详略得当的表达效果：课文先写北京春节的开始，比较简略地介绍了人们过春节的准备，有的民俗习惯只一句话带过，如"他们必须预备过年吃的喝的用的一切"，紧接着详细描述除夕、正月初一、元宵三个春节高潮，最后简略交代春节结束。这样写的好处是点面结合、重点突出，让人印象深刻。教学中，留给学生充足的自读自悟时间。最后进行读写练习：如果让你写春节，你打算怎么写？回忆你过春节的情景，写一写。引导学生借鉴学到的写法，如描写要详略得当、要抓最主要的特点、可以加入自己的感受夹叙夹议等。现行语文教材中有大量值得学生模仿的范例，让学生认真读一读，动笔仿一仿，通过阅读和仿写，积累写作材料，掌握作者布局谋篇的技巧，学习作者观察生活、分析问题的眼力和方法。

（本文已经发表在2013年6月的《读写算·教学研究与管理》上。）

培养语感，提高语文素养

所谓语感，就是对语言的敏锐感觉，是一种带有浓重经验色彩的，能比较直接、迅速地感悟和领会语言文字的能力。叶圣陶先生说过："文字语言的训练，我以为最要紧的是训练语感。"《语文课程标准》中也提出语文教学要丰富语言的积累，培养语感。可见加强语感训练是何等重要。因此，在语文教学中，加强语感训练是提高语文教学质量的重大举措。那么，如何在教学中培养学生的语感呢？我总结了如下有效策略。

一、加强朗读，培养语感

俗话说"读书百遍，其义自见"，可见，朗读是引导学生领略课文蕴含的情感的最佳途径。而学生富有感情的朗读本身就是他对语言文字有敏锐感觉的表现，为此，教师应重视指导学生有感情地朗读，要让学生读出情味、韵味，直到悟出仅凭语言分析难以真切理解的思想内容。例如，《我要的是葫芦》一课中，"他盯着小葫芦自言自语地说：'我的小葫芦，快长啊，快长啊！'"在指导朗读这个句子时，一是要引导学生关注句末的标点符号，读出种葫芦的那个人的急切的语气。二是要联系上文"那个人每天都要去看几次"这个关键的句子，体会种葫芦的人盼望葫芦快点长大的那种焦急的心情。三是借助插图、多媒体等精心创设情境，引导学生边读边做动作模仿，感受种葫芦的那个人的人物形象。这样反复进行尝试性的朗读，学生内心真实的感情自然就流露出来。朗读让学生品出言中之意，悟出言中之理，感受言中之情，既丰富了语言库，又陶冶了情操，训练了语感。

二、借助经验，培养语感

语感是主体准确领会作者通过语言所表达的情和意的能力，而语言是相当复杂的信息载体，它既有表层意义又有其潜在意义。前者约定俗成，是带有普遍性的基本意义；后者是在语境中比较独特的、具有灵活性的、要用情感去领会的意义。要领悟后者，学生须有一定的相关背景知识和生活经验。因此我们在进行语感训练时，往往要借助语境或创设情境，将学生在长期生活实践中积累起来的相关直接经验提取出来。例如，我在执教《瀑布》一课时，当学生读到"千丈青山衬着一道白银"一句时，提出问题："银子不是一块一块的吗？怎么是一道？"我让学生回忆一下，在生活中看到的一些银质的首饰，如戒指、项链等是什么样的。有的同学就想起妈妈的手链闪着白光，有的同学想起奶奶的手镯是银白的，有的同学回忆起在商场看到的首饰是亮闪闪的，还有些同学说没有见过银子做的首饰。此时，我拿出准备好的一个银质首饰，让学生观看阳光照在上面是怎样的。学生一看，就七嘴八舌地讨论起来：

有的说："好美，好刺眼。"

有的说："白银在阳光的照射下发出的光很耀眼。"

有的说："一道白光，亮闪闪。"

师：是呀，白银在阳光的照射下，反射出一道道银光，亮闪闪的。

师：白银在阳光的照射下银光闪闪，很美，我们想象一下，飞流直下的瀑布在阳光的照射下会怎么样？

生：像一块白色的布一样。

生：像一道银光一样。

生：瀑布在太阳光的照耀下就像白银那样闪闪发光。

师：是的，就像同学们想象到的，那飞流的瀑布在太阳光下，就像白银反射出的那一道一道耀眼的光亮，那么耀眼，在周围青山的衬托下显得好美！难怪李白说"飞流直下三千尺，疑是银河落九天"。

正如叶圣陶先生所说："要求语感的敏锐，不能单从语言文字上去揣摩，应当把生活经验联系到语言文字上去。"

三、推敲赏析，培养语感

（一）比较辨析，感受语言的准确

课文中有许多语言是经过作者反复推敲的结晶，在阅读教学中，我们可以采用换词的形式，让学生感受语言的准确性。如我在执教《美丽的小兴安岭》一课时，文中有个句子："春天，树木抽出新的枝条。"

师："抽出"还可以换哪个词语？

生：可以换成"长出"。

生：可以换成"发出"。

生：可以换成"生出"。

此时，先让学生谈谈对"抽"字的理解，"抽"表示用手从实物中抽取，然后让学生用动作表演"抽"。通过对"抽"字的分析和动作表演，学生感受到树木抽出新的枝条，长得是多么快，是多么有力，感受到"抽"的生机勃勃。接着老师再问："刚才同学们说的这几个词语，你觉得用哪个词语比较好，为什么？"通过比较辨析，学生咀嚼出了精妙词语的个性特征，品味出了它的神韵。

（二）细细推敲，感受语言的形象

把握语言的形象感就是对描写具有形象性的词、句、段的灵敏的感受。有些词句，给人感觉很形象，但如不仔细推敲，粗枝大叶地一读而过，学生感受不深刻，品味不出语言的形象。比如，有些形容词是叠词结构，后面的衬词加强了前面主词的质感、形态和力度，使得被形容的事物的形象更加鲜明、饱满。例如，《第一场雪》一文，写柳树上的银条儿"毛茸茸、亮晶晶"，松树和柏树上的雪球"蓬松松、沉甸甸"。对这

4个ABB型词语，教师可提问："你读到'挂满了毛茸茸、亮晶晶的银条儿'时想到了什么画面？'堆满了蓬松松、沉甸甸的雪球'给人什么感觉？"教师还可以提问："毛茸茸的东西怎么会亮晶晶？蓬松松的东西又怎能沉甸甸？"经过思考、讨论，学生体会到了银条儿和雪球的形象所给予人们的特殊质感。这些看似平常的细节描写，细心品起来，其实是非常精绝高妙的。

四、反复实践，培养语感

任何一种能力的获得，都需要经过长期反复的实践，学生对语言的敏锐的感觉，也必须经过长期的语言实践。

（一）拓展训练，积累语言

拓展训练是培养语感丰富性的一种有效途径，教师要给学生更多的语言实践机会，使获得的语感不断强化，最后成为整体语感中的有利因素。例如，教学《海底世界》一文，我设计了如下练习：

除了课文中提到的声音，海底的动物还会发出什么样的声音？

海底的动物行进时或遇到危险时会发出各种声音，有的像_____，有的像_____，有的像_____，还有的好像_____。

上述练习既引发学生联想，又培养了语感。

（二）读写结合

把写的训练贯穿于语文教学中，看到好文章，或是仿其结构，或是仿其语言表达方法，甚至可以仿其内容。如《南京长江大桥》一课，作者以参观的先后顺序为线索，介绍了桥的位置、结构及桥上的建筑物。对于三年级学生，这一课是进行读写训练的一个最佳范例，是练习仿写的好材料。通过仿写，学生容易掌握留心观察的方法——看、听、想，学会按一定顺序观察，并抓住事物特点进行具体的描写，使语感在语感外化实践（说写活动）中不断提高。

（三）开展活动，领悟语言的内涵

教师在教学中可以安排丰富多彩的语文实践活动，如开故事会、举行朗诵比赛等。特别是学习课本剧时，我们可以将课文编成小话剧，让学生演出。这样，演员不仅会感悟到剧中人物的内心世界，准确把握剧中情节，而且会带动观众对课文进一步思考、理解。

开展综合性学习活动，在实践中
提高语文素养

　　《语文课程标准》明确提出沟通课堂内外，充分利用学校和社区等教育资源，开展综合性学习活动，拓宽学生的学习空间，增加语文实践的机会。其实语文本身是一种实践性、综合性很强的课程，生活中学习资源和实践机会无处不在，无时不有，语文教学不能把学生定格在书本世界里，断绝了和生活世界的联系，应让学生在生活过程中学习语文、应用语文，避免单调乏味的抄写记背，构建开放而富有活力的语文课程体系。如何在语文教学中开展综合性学习活动，提高学生语文素养呢？

一、改变方式，建设活力语文课堂

　　语文课上教师对课文烦琐地分析，滔滔不绝地讲解，学生被动地接受，这样单一的教学方法，使他们逐渐失去学习语文的兴趣。要激发学生学习兴趣，让学生成为主人，建设开放性课堂，让综合性学习走进语文课堂，使课堂充满生命的活力。我们不仅可以根据一篇课文的课前预习和课后练习来设计综合性学习环节，还可以从一个单元的教学目标及课文内容来设计综合性学习环节。这些环节要紧扣教材，形式尽量多样化。例如，我们在教学写景文章时，可以设计为课文中描写的景物设计景点介绍牌，或给景点设计广告语，或给景区设计门票样本等环节。变换一种学习的形式，既让学生进行了听、说、读、写的结合训练，又充分调动了学生的学习主动性，使死气沉沉的语文课堂变得生动活泼。再如，我们在教学古诗词时，设计"诗配画"这个环节，让学生根据自己的理解，充分发挥想象，把诗词所蕴含的情感形象地表现出来，让美术与语文融为一体，可谓是"诗中有画，画中有诗"，这一过程能深化学生对古诗词的理解。

中、低年级学生活泼好动，乐于表现自己，课堂组织学生根据课文内容扮演不同角色，如推销员、顾客、游客、节目主持人等。高年级学生交流、合作探究能力比较强，我们可以采用"焦点访谈""实话实说"、辩论会、调查、参观等形式开展活动。这既能帮助学生身临其境，理解课文内容，又能活跃学生的思维，调动学生的情感投入。总之，寓教于乐，寓教于玩。

二、利用网络，提高学生的语文能力

除了在语文课中开展综合性学习活动，还可以上专题课。专题课的主题提炼于学生的生活和学习，既体现学科的交叉性，又抓住语文的特性，目的是进一步提高学生查找资料，运用资料，组织策划活动的能力。

发挥网络优势，培养合作、探究能力。例如，六年级下册第二组是"民风民俗"主题，学习本单元，可以利用网络展开多层面的拓展阅读，了解"岭南的民风民俗"的相关资料，并尝试写《我们的节日》《我们的饮食》《沙湾民居》等文章。当学生明确语文综合性学习主题后，按共同的阅读兴趣自愿组合，以2～4人为一小组，组成学习共同体。小组讨论，确定小组活动具体目标，组内分工、互相协作，充分利用学校的语文综合性学习网站，搜集资料，将感兴趣的材料进行初步整理加工。学生最终创作出带有个体审美色彩、具有独特表现方式的个性化作品。在对作品进行发布展示时，要求学生对自己或小组的作品进行说明，并且通过讨论、交流等，充分表达自己的见解。

三、联系生活，增加语文实践机会

语文综合性学习不光要与语文学科教学结合，也应与社会生活、学校生活，尤其应与小学生的课余生活密切结合。所以我们充分利用班队、课外阅读、兴趣小组活动课，策划简单的校园活动和社会活动，挖掘教育资源。

（一）延伸课堂学习

"语文的外延与生活的外延相等。"我们可以以教材为依托，拓展课堂教学的空间，让语文学习延伸到课外。如一年级的"我的标牌集"课外综合性学习，老师引导学生在生活中识字，把在街上看到的招牌名称记录下来，到商店里买东西时把商标收集起来，学生爱玩、好奇的天性使他们很乐意去做。一个月过去，学生每人都有一本《我的标牌集》，里面既有学生收集的又有他们创作的。再如，在学习了《大瀑布的葬礼》一文后，定下"保护环境，平衡生态"主题，学生站在自己的角度去观察社会，探究环境污染的原因，给政府环保部门写建议书，设计环保宣传单，争当环保小卫士。这样的实践活动不但在内容上与教材有着紧密联系，而且以教材为学习生长点进行延伸和拓展，让语文的人文性与工具性得到真正的发挥。

（二）巧用身边资源

大千世界，每天都在发生纷繁复杂的变化，我们可以抓住学生对周围事物的好奇心，充分利用学校、家庭和社区等的教育资源，以一些节日或纪念日及社会活动为契机，结合语文教材，根据不同学段的学生的兴趣爱好与特长，选择学习主题，开展综合性学习活动，拓宽学习的空间，增加学生语文实践的机会。

例如，沙湾古镇是历史文化名镇，有许多自己的文化习俗、民间活动，我们可以充分利用身边的人文资源，设计活动主题。在"情系飘色，爱我家乡"语文综合性学习活动中，让学生搜集有关飘色的知识资料，采访飘色的表演者和制作人，参观飘色活动，写"我眼中的飘色"征文，用画配文字的方式对传统飘色的色板进行创新等，在实践中提高学生的语文能力。

在观看教育专题片《国魂》后，我们可以开展"寻'国魂'塑'国魂'"语文综合性学习活动。学生通过听报告会、参观博物馆、纪念馆，扫墓等活动，搜集家乡抗战故事和英雄人物事迹……透过文字、图片，让学生体会一种精神，领略一种民族豪情，那就是"国魂"。

在节假日组织学生调查搜集一些关于节日的来历和不同地域的一风一俗的资料。例如，春节快到时，师生商讨设计"春节习俗面面观"这个探究主题，要求了解南方人和北方人过年的习俗及其原因，写一份调查报告。还可以鼓励有能力的学生以自己喜爱的方式编写各种各样的小报，创作童话、寓言、故事、连环画等。把各种专题文章装订成册，让他们也当一回作家、编辑。除此之外，学校可以在节假日之前适时地提出主题，让学生主办"手抄报""墙报"，学生自己选材、组织材料、设计版面、装饰画面。不同的主题，不同的内容，不同的作品，不同的设计，实现语文课程与其他课程的融合、书本学习与实践活动的紧密交互。

四、展示成果，提高鉴赏水平

成果展示会让学生对语文综合性学习活动有更新更完整的认识。在主题活动结束后，将学生搜集、整理的资料及创作的作品，如手抄报、成语连环画、贺卡等，利用班级宣传窗、墙报、园地等展示出来并进行评比、交流。让学生的创造性劳动成果得到肯定，同时促使他们相互学习、借鉴。

语文综合性学习不但增加了学生语文实践的机会，拓宽了学生的学习空间，还提高了学生搜集、处理信息的能力，培养了学生主动探究的精神。

"情感体验"是古诗教学的主旋律

诗词是中华文化的瑰宝，它言简意赅，富有形象感和意蕴感。而今天的古诗教学中，大部分老师在课堂就诗讲诗，花大量时间用于理解分析内容，串讲词句，只浮游于文字表面，而忽视了对语言的品味、对意境的领悟，导致学生整节课毫无情感的体验。这样的教学忽视了古诗教学的特点，没有了古诗教学的"味道"，只能让学生感到古诗乏味、枯燥。刘勰说过："情以物迁，辞以情发。"（《文心雕龙·物色》）古人告诉我们，情感是诗歌流动的血液，情感是诗歌鲜活的生命。故此，古诗教学要抓住"诗情"这条主线。

一、深入文本，把握诗情

教材中每一首诗都创设了一个相对完整的情境，所以教学时，我们要准确地把握诗的情境。大多数教师教古诗遵循教师用书，教师用书怎么说就怎样教。其实教师用书只是参考，完全依靠它是远远不够的。例如，《黄鹤楼送孟浩然之广陵》这首诗，教师用书这样写道："故人西辞黄鹤楼，烟花三月下扬州"这两句诗的意思是"我的好友孟浩然在繁花似锦的阳春三月，由黄鹤楼出发，乘船东行到扬州去"。"烟花三月"传神地写出了三月的扬州烟雾迷蒙、繁花似锦的景象。我认为这两句诗不仅仅在写景。查阅多种版本的解释，有这样的说法："烟花三月下扬州"，用清丽明快的诗句，表达了诗人内心的愉快与向往。因为这个朋友乃"风流天下闻"的当代名流孟浩然。此时，乃大唐开元盛世，绣户珠帘，百业兴旺，繁荣而又太平，千载难逢；此景，又逢阳春三月，春光明媚，百花争艳。所去之地"扬州"是东南都会，自古繁华，从黄鹤楼到扬州古城，大江上下，该有多少看不尽的风光，这一切都是那样令人心醉，令人神往。如果在教学中把诗意只是解读为"写出了三月的扬州烟雾迷蒙、繁花似锦的景象""表达了诗人送别好友时无限依恋的感情"是不够的，诗句中还包含了李白丰富的内心世界。所以教师必须深入文本，与文本对话，在学习诗前要阅读、搜集大量与本诗有关的资料，以便更好、更深地了解作者及其作品所处时代背景，准确把握诗的情感及表现手法。

二、巧抓诗眼，感悟诗情

古诗用词非常精练，一字一词都经过作者的千锤百炼，力求达到一字传神的效果。古人评诗时常用"诗眼"的说法，所谓"诗眼"往往是指一句诗中最精练传神的字。宋祁的"红杏枝头春意闹"中，一个"闹"字就使全诗情趣盎然。阅读鉴赏古诗时，就应学会巧抓"诗眼"和体会"诗眼"，这样才能更好地领悟诗的丰富含义，感受诗的无穷魅力。

看孙双金执教《闻官军收河南河北》的片段：

师：请同学们认真诵读全诗，看看最能表达诗人情感的是哪个字？

生："喜"字。

师：这就是这首诗的诗眼。请大家带着这个"喜"字反复诵读品味，体会诗人"喜"的是什么，诗句又怎样表达"喜"的感情。

学生通过自学、讨论、交流，悟出了诗里表达的"喜"的情感是"一喜叛军得平复""二喜国家得安宁""三喜亲人能团聚""四喜回乡得偿愿"。这样就品味到"喜"字用笔之妙，贯串了全诗的感情。

三、生动描述，激发诗情

意境，是指文艺作品中所描绘的生活图景和表现的思想感情融合一致而形成的一种艺术境界。就古诗而言，诗人往往将自己的感情寄托在所描写的客观事物之中，使客观事物好像也有了人的感情，从而创造出情景交融的艺术境界。所以在古诗教学中，教师应该动之以情，并通过自己动情激发学生动情，使学生情感的琴弦得以奏响，让他们进入或快乐或伤感的情境。这就要求教师语言、表情、动作等富于感情，切忌干巴巴地讲解。

教师贴切、优美的语言描述，不但能将学生带入诗歌中的情境，还能使学生从中得到语言美的享受。教师如何使用描述语言呢？一要体现形象性。古诗中的意象本身就具有形象性，它是一种具体、生动、有一定观赏价值的美的形象。如果教师的语言干瘪，不但不会有助于意境的再现，反而会破坏学生的兴趣。戴建荣老师引领学生读"西出阳关无故人"一句时，作了这样生动的叙述："朋友西出阳关是一次壮举，要经历3000多公里的长途跋涉。这一路上，满眼的荒漠，满目的戈壁，元二要备尝独行的艰辛与寂寞。身为好友，在元二临行前，感慨万千。正是千言万语化作薄酒一杯，一切尽在不言中。来吧，举起酒杯吧——劝君更尽一杯酒，西出阳关无故人。"二要体现启发性。通过教师有效的启发，促进学生的积极思维，使学生借助于眼前的文字符号，根据自己已有的生活经验产生丰富的联想和想象，由此及彼，由表及里，由个别到一般，将自己置身于诗歌的意境之中，从而与诗人产生共鸣，并感受意境之美。例如，王崧舟老师在教《长相思》时运用了课件重现诗中的画面，配上渲染气氛的音乐，教师声情并茂地诵读，把学生带入了诗中情境，然后启发学生想象：你仿佛看到了什么？听到了什么？想到了什么？从而让学生看到诗中的画，悟到诗中的情。

四、品读吟唱，悟出诗情

《语文课程标准》在第二、三学段对古诗教学分别提出的要求是：诵读优秀诗文，注意在诵读过程中体验情感；诵读优秀诗文，注意通过语调、韵律、节奏等体味作品的内容和情感。语言的品味是"读"出来的，情感的感悟也是"读"出来的。古诗教学应特别强调以读带情，以读悟情。不同的感悟，就有不同的诵读；不同的诵读，就表达出不同的感悟。教师引导学生在诵读过程中，深入品味语言的内涵、韵味、美感，以读来检验对诗的语言的理解，做到读中入境，读中悟情。

例如，汪秀梅老师执教《忆江南》的一个片段如下：

师：诗人感慨"能不忆江南？"，这是什么句式？

生：反问句。

师：请用你的朗读来告诉大家。

生：（读）能不忆江南？

师：从这句中你体会到了什么？

生：我体会到了诗人不能不忆的极度思念之情。

师：请你读出不能不忆之情。

生：（读）能不忆江南？

生：我体会到了诗人对江南美景的无限的眷恋！

师：请你读出无限的眷恋！

生：（读）能不忆江南？（深情地）

生：我还体会到了诗人的赞叹之情。

师：请你赞叹！

生：（读）能不忆江南！（强烈地）

师：在思念中赞叹，在赞叹中思念！

师：我听出诗人的赞扬之意。还可以怎么读？

生：江南好！（小声叹）

师：我听出诗人的向往之情。就这样可以大声赞，可以小声叹。把诗人的赞扬之意和向往之情尽寓其中！

古代律诗具有对仗工整、押韵、读起来朗朗上口的特点，适合吟唱。戴建荣老师执教的《送元二使安西》就别具一格，他把教学过程设计为读诗、唱诗、吟诗，用大量时间引导学生学会怎样读、怎样唱、怎样吟，随着对诗句语言的理解，学生读得有板有眼，读出了节奏，读出了语感，读出了韵味。

五、配乐想象，诱导诗情

每一首古诗都是一幅甚至多幅精美的画面。诗人所创造的意境为我们展示了丰富的画面，透过这些画面，我们可以窥视到诗人所创造的情境和他的精神内涵。在课堂上的个别环节配上合适的音乐，既给学生带来美的享受，又调动了学生的情感，为再现意境创设了氛围，为情感交流架设起一座桥梁。例如，《望洞庭》这首诗，作者选择了月夜遥望的角度，通过丰富的想象和形象的比喻，描绘了一幅宁静优美的洞庭月夜图，重在表现洞庭湖的柔和秀美。我在设计时把美的熏陶作为教学的主线，配上《平湖秋月》这首曲子，让学生感受到诗句中美的语言、美的画面、美的意境……从形、色两方面引导学生想象洞庭山水工艺品般的画面美。学生聆听着《平湖秋月》曲子，想象柔和的月光和洞庭湖宁静的湖面，舒缓的旋律，似乎从无比广阔的湖面悠悠地传来，是那么空灵、明净。让学生的情感随着音乐一起流淌……

六、适度拓展，深化诗情

古诗教学如何真正体现三维目标？我认为拓展是很有必要的，这是对文本的一种超越，但是，拓展要合理、适度。例如，在体会意境时，适时、适当地引入一些背景资料是非常有必要，它能帮助学生更好地解决疑难。比如教学《出塞》一诗时，将其放在广阔的历史文化背景中引导学生解读，帮助学生较为全面地理解诗歌的内在感情。汉匈战争的资料，李广的故事及王昌龄创作《出塞》的背景等的引入，有助于对文本的深入解读。

古诗教学中，可以抓住同一诗人不同时期的相关诗作，在比较中凸显诗歌的情感。教学杜甫的诗作《春望》时,笔者引导学生将他在不同时期创作的相关诗篇一一诵读,如《闻官军收河南河北》。学生通过诵读、品读,感悟到前一首是忧伤到见花落泪,忧愁到了极点;后一首是欢喜到泪满衣裳,喜悦到了极点。两首对比,诗人的爱国形象在学生眼前高大起来,与诗人内心深层情感的碰撞,让学生尤为投入。面对同一轮圆月,多少诗人写下自己的心中情;面对一次次与朋友的分别,多少诗人描述了对友情的眷恋。对于这些围绕同一主题而抒写的诗作,我们可以跳出教材,进行组诗的教学,一步步提高学生的品位,激起他们更强烈的学习欲望。

当学生的情感之舟在古诗课堂乘风破浪时,学生得到的不仅是一种享受,一种积淀,更是心灵与诗歌的融合,生命在诗歌的滋养中得以鲜活地成长。

(本文在广州市教育局教学研究室组织的"有效教学论文评比"中获得二等奖。)

实施发展性教学评价，促进学生自我发展

《基础教育课程改革纲要（试行）》明确指出："建立促进学生全面发展的评价体系。评价不仅要关注学生的学业成绩，而且要发现和发展学生多方面的潜能，了解学生发展中的需求，帮助学生认识自我，建立自信。发挥评价的教育功能，促进学生在原有水平上的发展。"新课程呼唤新的教学评价，新的语文教学评价要围绕学生的发展，为学生的发展服务，增强学生主动发展的内部动力，形成奋发向上的精神力量。如果评价跟不上，就会导致穿新鞋走老路。如何科学地进行评价，使之适应素质教育的深入推进与新课程标准贯彻实施的要求？我进行了以下探索与实践，取得了一些成效。

一、建立综合性成长袋，促进学生自我反思

《语文课程标准》提倡语文评价可采用成长记录的方式，收集、积累能够反映学生语文学习与发展的资料。为此，我采取了学生成长记录袋的形成性评价方式。成长记录袋让学生展示自己的天分，表达自己所关心的事情，发现自己薄弱的领域，认识到自己的进步，记录自己的成就。让每一位学生的语文学习成长袋成为他们语文学习成长足迹的留影。成长记录袋包括以下内容：

（一）课堂记录卡——展示学生的进步

成长记录袋中的课堂记录卡提供了一个极好的展示学生进步的方式，

因为借助课堂记录卡学生能及时、具体地评价自己的课堂表现。记录卡中有一些非常具体的问题，可以提供对课堂内容的多方面的反馈，通过具体的评论了解学生对课堂的喜好和参与。课堂记录卡设计如图2-3所示。

课堂记录卡

日期_____   姓名_____

我对于这节课的看法是_____

对于这节课，我喜欢的是_____

我参与最多的时候_____

我参与最少的时候_____

我想做一些改变_____

图2-3

（二）学习兴趣调查表——反映学生的个性

学习兴趣调查表主要用于调查学生对语文课程内容的学习情况及对实施新评价方法的态度，便于教师及时掌握学生情况，改进教学方法，做到因材施教。此问卷调查表可以在学期初、考试前发放。学习兴趣调查表设计如表2-1所示。

表2-1

学习内容	不喜欢	较喜欢	很喜欢
1. 阅读课外读物			
2. 有感情地朗读课文			
3. 背诵课文			

学习内容	不喜欢	较喜欢	很喜欢
4. 用普通话口语交际			
5. 演课本剧			
6. 抄写生词			
7. 听写生词			
8. 写日记			
9. 写周记			
10. 写作文			

（三）课堂表现、作业情况记录——全面评价学生

课堂表现与作业情况能比较系统、全面地衡量学生的素质，可以设计语文学习评价表，把学习态度和作业质量相结合，把学习过程与行为习惯相结合进行综合评价。作业按等级统计次数，课堂表现包括注意力集中情况、主动提问次数、发言积极、动手能力、合作讨论表现、是否有创新见解等方面，学生自我鉴定与同学互评、老师评价相结合，每月进行一次统计，结果装入成长袋，学期末作为定性描述的依据之一。通过"语文学习评价表"，学生不断进行自我总结，并逐步养成反思的习惯，同时家长参与评价，及时了解孩子在学校的学习情况，使教师的工作更具目的性，更有成效，并能获得家长的支持。

（四）作品的反思记录——给学生进行自我认识的机会

学生根据事先商定的主题在教师的指导下，有计划、系统地收集学习进程中有意义的、能说明学习进步与改变历程的细节资料，而不仅仅是收集感到满意的作品或学习成果。这些细节资料可能会完整地呈现学习与创作并取得成就的渐进历程。学生定期装入作品，每装入一件作品就填写一张作品的反思记录卡，进行阶段性反思，分析取得进步或没有进步的原因。作品的反思记录卡设计如图2-4所示。

```
                    对作品的反思记录卡
   班级_____        姓名_____        日期_____
   作品的主题_____
   对于这次的作品，我想说_____
   _____
```

图2-4

（五）读书笔记——教会学生读书的窗口

《语文课程标准》指出，学生要多读书、读好书，要有较为丰富的积累，且能运用常见的表达方式具体明确、文从字顺地表达自己的意思。通过调查，我发现我班同学读课外读物的情况不合理，许多同学只读《老夫子》《乌龙院》等连环画。为了引导学生读适合自己的课外读物，为了鼓励学生多读课外读物，从中有所收获，提高写作能力，我要求学生定期写读书笔记，这样可以培养学生良好的读书习惯，让学生学会写读书笔记的基本技能，在读书中学会思考。我们采用星级制进行定量与定性评价，自评与小组评相结合，每周评选最佳十星。读书笔记记录卡设计如图2-5所示。

```
                    读书笔记记录卡
   书的标题_____    作者_____    阅读时间_____
   从这本书中你学到了什么？_____
   我喜欢的好词_____
   我喜欢的好句_____
   _____
   小组评_____    自评_____
```

图2-5

二、设计表现性评价，提高学生的综合能力

表现性评价强调在完成实际任务的过程中评价学生的发展，不仅要评价知识技能的掌握情况，更重要的是通过对学生表现的观察分析，评价学生在创新能力、实践能力、与人合作能力，以及健康的情感、积极的态度、科学的价值观等方面的发展情况。所以，对口语交际、演讲、讲故事等方面的评价运用表现性评价最合适。在口语交际课中，我首先和同学探讨评价标准：姿势自然，面部表情适当，和交际的对象有目光接触，动作自然，音量适当，吐字清楚，说话有条理。然后创设一定的情境，让学生在模拟的情境中进行口语交际，观察同学的表现，做出综合分析，进行质性评价。

三、用富有艺术的语言评价，激励学生自我发展

在课堂教学中，教师的评价具有强烈的导向、激励作用。教师如果总是用那种"放之四海而皆准"的浮泛空洞的语言来评价学生，或者让学生轻而易举地得到奖励，学生就会觉得索然寡味。久而久之，教师的评价与奖励就没什么作用了。所以教师评价学生时语言要力求生动形象，富有艺术感染力，才能真正激发学生，切忌不分青红皂白地评价"真聪明""真能干"。评价还要看对象、看场合，或直言不讳，或委婉含蓄，或严肃庄重，或热情洋溢。对于中下生，哪怕是微小的进步，也要给予肯定与鼓励，他们更需要关切的目光和贴心的话语。对于学习成绩较好的学生，要求要严格，才有利于促进他们不断进取。当然，当他们的学习的确有水平或创见时，同样要给予热情的肯定，促使他们在学习上更加勤奋。富有艺术的语言评价好比春雨"随风潜入夜，润物细无声"，会对学生产生潜移默化的影响。

发展性教学评价的实施，有利于师生之间、生生之间的交流与沟通，

有利于教师对自身教学活动进行反省，做出恰当的教学决策，有助于激发学生的学习动机，为学生的自主发展与人格完善创造条件。只有不断探索、研究和实验评价的实施，才能不断提高教育教学水平，使新课程更有效地落实。

语文课堂教学要充分发挥评价的功效

评价能体现一个人的价值，评价能给人一种导向。在课堂教学中要运用好评价，要充分发挥其功效，它的力量是无穷的。有效的评价既能使师生之间和谐沟通，营造民主课堂氛围，又能增强学生主动发展的内部动力，形成奋发向上的精神力量，使课堂散发出活力。那么，在课程改革的今天，语文课堂教学中教师应该采取怎样的评价方式，才能发挥其应有的作用呢？在几年实践中我发现以下几点能激发学生个体潜能。

一、评价要多元化

传统的课堂教学中，教师才拥有评价的权利，学生只是评价的"客体"，只能被动地接受，这便扼杀了学生的积极性。课程标准强调评价主体的多元化和评价信息的多源化，重视自评互评的作用。学生互评一方面可以使评价信息的来源更为丰富，从而使评价结果更加全面、真实；另一方面，在小组合作时，互评可以使同学之间互帮互学，共同进步。自我评价既可以提高学生的反思能力，激发自我意识，又可以增加学生自主发展的动力。自评和他评可以是口头上描述，也可以转化为具体操作，如在低年级指导书写生字教学时，同桌根据书写的情况，给对方画一面或两面红旗作为奖励。教师在反馈时可以让评价的同学讲这样评的原因。如果学生觉得还可以写得更好，可以擦去再写。再如，一节课即将结束时，教师可以通过表格的形式，定好等级，用学生喜爱的图形作为奖励，让学生对自已或他人在本节课的学习态度、状况进行评价。这样将自评、他评结合起来，充分给予学生互评、自评的机会，既激发了学生的主体意识、参与意识，又及时反馈了学生的学习状况。

二、评价需要艺术的语言

在课堂教学中，教师的评价具有强烈的导向、激励作用。教师对学生在学习过程中每一次成功和进步的评价，在促进学生获得对学科积极体验上有着重要作用。这种评价不能简单形式化为一种肤浅的表扬，而要注意维度、尺度。

语文课堂教学评价要从知识与技能、过程与方法、情感态度与价值观等方面进行客观评价，教师如果总是用那种"放之四海而皆准"的浮泛空洞的语言来评价学生，如"很好""不错"，这种评价包含的信息量实在是太少了，学生听多了这样的评价，就不能从中获得任何的积极体验，对其他同学也不能起到很好的示范作用。我们在教学评价时，要善于抓住学生回答问题过程中所表现出来的思维方式、语言表达、合作意识以及技巧等方面的优点加以肯定，使学生受到鼓舞，更加清楚自己努力的方向，也为其他同学树立更加清晰的榜样形象。

除此以外，语文课堂教学评价中，教师还要把握评价语的"尺度"，针对不同层次的学生采用不同标准的评价语。机智、诙谐的评价语言不仅能提升学生思维的敏捷性，而且使课堂教学妙趣横生，能充分调动学生学习的积极性；富有艺术的语言评价好比春雨"随风潜入夜，润物细无声"，对学生会产生潜移默化的影响。

三、评价要关注差异

自美国哈佛大学心理学家加德纳提出"多元智能"理论以来，人们打破了传统的智力定义，即不再以语言、数理或逻辑推理等能力为衡量智力水平高低的唯一标准，承认每个人或多或少地存在着7～9种多元智力。

既然如此，怎样才能用一把"尺子"去衡量所有的学生？苏霍姆林斯基早就指出："让每个学生都能抬起头来走路。"学生的差异是客观存在的，是多方面因素造成的。发展性评价强调要关注学生的个别差异，建立"因材施评"的评价体系，要尽可能发现每个学生的聪明才智，尽力捕捉他们身上表现出的或潜在的创造力火花。不追求每个学生各方面的平均发展，而是让每个学生形成自己的特色和鲜明的个性。不将学生做简单的横向对比，而是鼓励学生在原有的基础上不断超越自我。为学生设计个性化的阶段性目标，允许学生提前一步或晚一步达到某一客观标准。

传统的课堂教学中，教师过多表扬或鼓励的是做出正确答案或表现突出的学生，而较少鼓励甚至批评同样付出努力却得到错误答案或得不出答案的学生。在课堂教学中，当学生出现一些不是意料当中甚至是错误的回答时，教师对他的评价不应一票否决，更多的应该关注学生的情感，及时肯定点滴进步。大家都知道"皮尔马利翁效应"，对每个学生都用发展的目光去看待，无论什么时候，给他们信息暗示："我能行""我努力就会学好""我会做个好学生"。特别是对中下等生，哪怕是微小的进步，也给予肯定与鼓励，责备和批评只会让他们越来越自卑。对中下等生，要以赞许的目光、宽容的微笑，传递"你有进步"的信息，不让他们产生被放弃的感受。对于学生在课堂中出现的错误，还可以延时评价，给学生思考的时间，或请同学或教师直接帮助学生解决。这样的赏识评价既能激起学生积极向上的心态，也能帮助学生树立学好语文的信心。

四、评价需要指导方法

培养学生的评价能力，是提高学生运用语言、进行口语交际能力的重要途径。为了能让学生顺利地开展评价活动，我们在课堂教学中注意发挥其主导的作用，教给学生评价的方法。教师为学生作具体评价示范，这样学生的评价就有了依据，学生在评价的过程中就有章可依。例如在口语交际课中，首先和同学探讨评价标准：姿势自然，面部表情恰当，动作自然，音量适当，吐字清楚，说话有条理。然后创设一定的情境，让学生在模拟的情境中进行口语交际，让学生根据表演者的表现，从上述几方面进行评价，学生评价就会比较具体。如此训练，学生逐渐就掌握评价的方法了。

巧妙而恰当地进行课堂评价，能使学生的学习积极性和自信心得到充分调动，能使师生之间、生生之间的交流与沟通和谐，能使不同层次的学生看到自己的进步、找到自己的目标，能使教与学的过程更加优化，新课程更加有效落实。

（本文在广州教育学会举办的"中小学新课程优秀教学论文"评比中获得二等奖，在广州市番禺区教育局组织的中小学、中等职业学校开展发展性教学评价研究活动中获得二等奖。）

谈语文教学中创新意识的培养

创新意识的培养，也就是推崇创新、追求创新、以创新为荣的观念和意识的培养。创新意识在孩子们身上表现为好奇心、探究的兴趣、求新求异的欲望等，这些素质与生俱来，人皆有之，幼儿对一切充满好奇，爱问、爱尝试即是证明。而现在大多数语文课堂上的满堂问、填鸭式的教学，使得孩子们形成整齐划一的思维，灵性被禁锢起来了。现代社会的发展需要有创新意识、有创造能力的人，这就要求学校教学中要培育学生的创造力。在语文教学中，如何培养学生的创新意识呢？

一、转变观念，播下创新的种子

《学记》中倡导，教育生徒要"导而弗牵"，然而目前语文教学中的一大流弊仍是一个"牵"字，老师顺着课文的情节牵着学生的鼻子往前赶。教师是课堂的中心，教学过程是以教授活动为主的过程，强调求同思维，扼杀了学生的创新意识。阅读认知理论认为，阅读不是一个被动、机械地吸收课文里的信息的过程，而是积极、主动地从课文里吸收各类信息的过程，是个性化和创造性的活动。在这个过程中学生头脑里储存的相似模块各不相同，因而即使是读同一篇文章、同一本书，其理解与感受都会有区别，甚至截然相反。人们常说的"一千个读者心中，就有一千个哈姆莱特"就是这个道理。如果一切都要统一到老师的"标准答案"上来，其结果是窒息了学生的创新意识和创造能力。培养具有创新意识的人才，教师首先必须有创新意识，敢于向传统的教法挑战，改变以教师为主，一讲到底，一问到底，统一答案的教学模式，要构建以学生为中心，以学生自主活动为基础的全新的教学模式，做到问题让学生发现，疑难让学生突破，学法让学生归纳，评价让学生参与，使课堂教学真正成为学生自主活动和探索的天地。

二、营造氛围，孕育创新的土壤

（一）营造和谐气氛，孕育创新的意识

课堂，是语文教学的主渠道，如果在语文课堂上师生感情融洽、和谐，这往往会成为学生学习的动力，学生会积极主动地投入进去，动脑思考问题，动口表达自己的观点。他们通过自己的参与，感受到自身的力量所在，体验到创造性学习的乐趣。创新意识就孕育在这种心境之中。和谐课堂可以从以下两个方面来营造：

一是语文课堂教学的内容与形式。如果我们的语文课堂教学内容丰富多彩，形式灵活多样，有幽默、有笑声、有争议、有讨论，学生参与就会更加积极主动，独特的想法、创新的做法就会自然生成。

二是语文课堂师生要平等共处。教师作为课堂组织者，要把自己作为普通的一员置身学生主体中，尊重学生的人格，与学生平等相处，营造一种宽松、开放的语文教育环境。例如，课堂上多用"我们一起来讨论""你有什么看法，想说说吗？""听了同学的发言，你想补充点什么？"这类句子，会勾起学生参与的欲望。教师及时到位的评价会引导学生走向创新，如在学生发言后，用"你的想法很独特""爱动脑子的孩子，你有自己的想法，而不是人云亦云"等句子来鼓励和评价，会使学生始终处于一种积极动脑的情绪状态之中。

（二）遵循发展规律，激发内驱力

维果斯基认为，儿童身心发展包括两种水平，一种水平是"现有发展水平"，另一种水平为"最近发展区"。正确的教育，应当立足"最近

发展区"，依靠儿童正在成熟的身心机能，使"最近发展区"转化为高一级的"现有发展水平"。教学的原地踏步会影响儿童的智力发展，挫伤儿童的学习兴趣。众多语文教学实践证明：教学定位在学生的最近发展区，学生虽"举手不及"却"跃而可获"。而一次次的成功体验又形成促进学生进一步学习的内驱力。因此，语文教学应尽可能地组织得具有一定的难度，激发学生学习语文的兴趣，激发创新意识。

三、改变方法，提供创新的机会

（一）鼓励质疑，激励学生创新

爱因斯坦对他何以能成功的回答是："我没有什么特别的才能，不过喜欢寻根刨底地追究问题罢了。"疑问是思维的契机，质疑则是创新的先导。人类的思维活动往往是由于要解决当前面临的问题引发的。因此，培养学生的思维能力应从教会学生发现问题开始。教学中要让学生做到不"唯书"、不"唯上"，敢于怀疑已成为定论的东西。对学生的质疑，教师要鼓励、引导，通过鼓励使学生从不敢提问到敢于提问。与此同时，教给学生提问的方法，不断提高质疑问难的质量，使他们"善问"。引导学生在阅读中发现问题，思考问题，带着问题再进行深入阅读，从中培养学生创新质疑的意识和能力，推进创造性思维的发展。

（二）想象是创造的源泉

没有想象就没有创新，丰富的想象是创新的翅膀，无论是再造想象还是创造想象，对培养学生的创新素质都是十分有益的。

再造想象，拓宽思维。根据某些课文言尽而意未尽的语言材料，设置疑问，引导学生对课文内容进行再造想象，训练学生思维灵敏性和独创性。例如《狼和小羊》一课结尾，狼说完就向小羊扑去。小羊到底有没有被狼吃掉呢？教师及时引导学生想象当时的情景，寻求不同的结果，进行发散思维训练。学生的思维被激活，有的说就在狼扑向小羊时，狼却倒下了，原来是一位猎人朝狼开了枪；有的说小羊一闪，狼就扑了个空，掉进河里去了……众说纷纭。想象使学生进入课文所描述的情景中，又拓展了学生的思维。

（三）打破思维定式，迸发求异火花

求异思维就是标新立异，是对思维定式的否定。因此，无论是课堂教学还是课外作业都要鼓励学生发表自己独特的见解，迸发求异的火花。在上《称象》一课时，我提出这样的问题："你们有没有比曹冲更好的称象的办法呢？"有的说："曹冲用的是石头，比较麻烦，可以用岸边的泥土，取土方便。"还有的说："我不用泥土，也不用石头，就用人，因为人听指挥，上下容易。"学生们的回答都闪烁着创新的火花。再如，我时常用"发现法"听同学的发言，发现了什么？有什么想补充？逐渐培养了学生的创新精神。

（四）提倡辩论，唤醒创新意识

创造心理学认为，同学之间对不同见解的辩论，是创造力发展的催化剂。课堂上，学生对同一问题的认识有差异，这是必然的。有差异，就可能有辩论。课堂上同学之间争论与学习内容相关的问题，可以深化学生对教材的理解和认识，辩论的过程可以培养学生的逻辑思维能力，锻炼学生的语言表达能力。有辩论，学生的主体意识就会大大增强，个体潜能就能得到尽情发挥。因此，课堂上经常鼓励学生发问、辩论可唤醒个体创造的潜在意识。

（本文在《教师报》编辑部组织的全国教师优秀教育教学论文大赛评比中荣获一等奖，在广州市番禺区教育局组织的1998—2002年广州地区第二阶段教学设计与实施活动中获得优秀成果奖。）

第三篇

"读写联动"教学实践

基于阅读与写作的心理机制、现代认知心理学等理论及新课程标准，在学习前辈经验的基础上，我通过语文教学实践，总结了"读写联动，形成图式""字斟句酌，掌握秘诀""对比阅读，迁移写法""聚焦经典，感受特点"等读写联动的有效策略。这些有效策略的实施有助于提高学生理解语言和运用语言的能力，实现人文性与工具性的统一。这些有效策略的运用体现在接下来的教学设计和研学案中。

读写联动，形成图式

《海滨小城》第二课时教学设计

【教材分析】

（一）主题单元特点分析

《海滨小城》是统编教材三年级上册第六单元的第19课。这个单元围绕"祖国河山"这一主题编排了4篇课文，有经典的古诗，有写景美文，这些课文之所以几经淘洗至今保留在教材中，是因为这些文章是读写结合练习的范本。与旧教材所不同的是，统编教材明确提出本单元要落实的语文要素，而且单元习作的要求与阅读文本联系非常紧密。本单元的课文让学生领略祖国各地美丽的风光，激发学生热爱祖国大好河山的思想感情，这是人文熏陶。通过学习文本，学生要掌握"借助关键语句理解一段话的意思"的阅读方法，并在本单元的习作中来进行运用，实现读中学写，从会读到会"围绕一个意思写"，从而提升阅读、写作能力。

（二）文本特点及素养落实分析

《海滨小城》这篇课文结构层次分明，课文第一部分写海滨的景象。由远及近，先写浩瀚大海的景色，再写海滩的景观。这部分突出景物色彩的描写，这些丰富多彩的颜色，展示了海滨的美丽（在第一课时学习）。课文第二部分第4~6自然段分别围绕每段开头来写小城美丽的景色（在第二课时学习），分别描写了小城的庭院、公园、街道三处场景，突出了美丽、整洁的特点。最后一段是总结全文，表达了作者热爱家乡之情。

课文的第二部分第4～6自然段的学习，要落实语文要素，特别是总分结构明显的第4自然段。这段是在学生品读的过程中掌握"借助关键语句理解一段话的意思"的阅读方法，迁移写作技巧的主要部分。通过"读写结合"，实现表达方法的迁移，围绕第一句话来写，尝试用总分结构的构段方法写一段话。

（三）课后练习题的分析

课后共设计了3个帮助学生阅读、积累的题目。

第一题：朗读课文。说说课文写了海滨小城的哪些景象，这些景象是什么样的？

这个题目是提纲挈领的问题，是贯穿全文的，可以作为研学问题之一。这个问题的答案是可以通过读书来找到的，属于理解概括层面的学习，是教学写景文章要解决的常见问题，可以在品读描写景物特点的句子时解决。

第二题：有些句子很重要，可以帮助我们理解一段话的意思，你能从文中找出来吗？

这个题目是紧扣本课要落实的语文要素而设计的，也是本课需要掌握的阅读方法和技巧。第4～6自然段每一段的第一句话都是重要的句子。在理解课文时，抓住这几段的第一句话帮助我们理解这一自然段。从文本看，课文的第4自然段是比较明显的，这一段的结构是总分结构，用思维导图的方式展现，可以在学生脑海里形成图式结构，为后面的小练笔和单元习作做准备。可以在理解文段时着重完成这个题目。

第三题：在课文中画出你认为写得好的句子，抄写下来和同学交流。

这一设计旨在培养学生在阅读时关注表达有特点的句子的意识。在课堂小组学习和集体汇报文本中场景特点的环节，教师引导学生关注表达有特点的句子，整个环节贯穿对重点词句的个性化理解和交流。摘抄方面，无论是课前的自主学习还是课后的练习，都可以相机完成这道题，促使学生养成主动积累的好习惯。抄写时，提醒学生把自己认为好的句子摘抄下来，要注意格式。

【设计理念】

文章不过是个例子，写作的知识的习得在阅读教学。写作图式的形成是在阅读中慢慢建立起来的。每一篇课文都是一个样例，理解课文是一个层面，学习作者是如何写出来的是另一个层面。如果阅读教学只停留在理解层面，学生怎么会学习到写的章法和规律呢。为此，中年级的阅读教学要兼顾学习写作规律，才能实现人文性和工具性的统一。

统编教材每个单元训练点突出，单元习作和阅读例文相关联，其目的是落实语文要素，让学生习得方法。根据本教材的特点和本单元的重点，我认为本课第二课时的教学重点要完成这些目标：①引导学生有重点地品读课文描写场景的优美生动的词句，相机落实让学生学会"借助关键词句理解一段话的意思"语文要素；②根据单元习作重点，本节课在写作方法方面，应该在学生头脑中形成总分的段落图式结构，让学生学习尝试围绕一句话，用总分的结构形式来写一个场景的表达方法。

【学情分析】

这篇课文比较浅显易懂，要找出描写的景物及其特点比较容易。我班大部分学生具备一定的自学能力，基本能围绕课后问题或研学案来自主学习，能主动参与小组合作学习。在学习第一课时，学生对文本有整体的感知，了解了海上和海滩这两个场景的特点，掌握了一些学习描写景物一类文本的阅读方法。在学习第18课《富饶的西沙群岛》时，学生已经接触"围绕一句话来写"的表达方法，曾经根据课后看图写话进行小练笔，已经尝试过围绕一个意思来写景，为本节课再一次打下了基础。

【教学目标】

1. 认识"滨、鸥"等11个生字，读准多音字"臂"，会写"滨、灰"等13个生字，会写"海滨、街道"等19个词语。

2. 正确、流利地朗读课文，能说出课文描写的主要景物及样子。

3. 能找出第4～6自然段的关键语句，借助关键语句理解段落的意思。尝试围绕第一句话来写文段。

4. 能摘抄自己认为写得好的句子，并与同学交流。

【教学重难点】

教学重点：

1. 了解海滨小城几个场景的特点，借助关键语句理解段落的意思。

2. 尝试围绕第一句话来写总分结构的文段。

教学难点：

尝试围绕第一句话来写总分结构的文段。

【课时安排】

课时安排： 2课时。

【教学准备】

教师准备课件、研学案。

学生课前要观察学校的鱼池，并用思维导图做记录。

【教学内容】

1. 整体感知课文，厘清课文的脉络，学习生字词。

2. 学习课文第1～3自然段，了解海上、海边的场景的特点，感受色彩美。

【教学要点】

1.学习课文第4～7自然段。了解小城的庭院、公园、街道场景的特点。

2.能找出第4～6自然段的关键语句，借助关键语句理解段落的意思。

3.尝试围绕第一句话来写总分结构的文段。

【教学过程】

（一）回顾课文，想象美景

师生合作读课文，如往常一样，师生默契配合，老师读，学生听。学生读，老师听。教师引导学生一边读第1～3自然段，一边想象海上及海边的场景。

导语：著名的雕塑家罗丹说，生活中不是缺少美，而是缺少发现美的眼睛。这节课，就让我们走进小城，用明亮的双眼——这部高级"照相机"，来捕捉小城的美。

（二）精读课文，落实语文要素

默读第4～6自然段，用我们的双眼——这部高级"照相机"，拍下你最喜欢的一处景物，在文中批注喜欢的原因。

（学习方式：自主学习→小组交流→汇报）

1.四人小组互相交流、评议。教师巡视，了解学习情况。

设计意图：本单元都是写景文，根据文本特点和单元习作，需要继续通过观察来发现景物的特点。学生喜欢在活动中学习，在情景中学习。为此，我设计了一个拍照的情景，让学生知道景物的特点需要用双眼敏锐地去捕捉，让学生很容易进入学习状态。自主学习时，边读边写批注，让学生养成良好的读书习惯，在自主学习的基础上，小组交流自己"拍下"的景物，并说出"拍"下的原因，学生会交流所"拍"景物的特点和对句子的感悟。

2. 集体汇报：把你"拍"得最美的一处景物介绍给大家，说说你为什么喜欢它。我们共同来欣赏。

（1）品读句1："凤凰树开了花，开得那么热闹，小城好像笼罩……"你拍摄这幅美景的理由是什么？

师：你有一双善于发现的眼睛，不仅拍摄到美景，还想象出这幅画面哟！

一般情况下"热闹"这个词是写什么场景的？读这个句子，从"热闹"一词，你仿佛看到什么？

师：联系生活去理解，去想象，也是一种阅读的方法。

师：从"笼罩"一词，你体会到什么？

师指导朗读。

师评价：多美的花呀，这里一片，那里一片，像天边的红霞。你用声音来展现你仿佛看到的，让我也"看"到这幅画面。

（2）第4自然段是围绕哪一句话写的？

（3）师小结阅读方法：这些句子很重要，可以帮助我们理解一段话的意思。找到一段话的关键句子，抓住这个关键句子，就知道这段话的主要意思了。

（4）品读句2："一棵棵榕树就像一顶顶撑开的绿绒大伞，树叶密不透风……"你拍摄这幅画的理由是什么？

师：你抓住了场景的……特点来说，你描绘得真美！我仿佛都看到了。

师：抓住"绿绒大伞""密不透风"来说说你仿佛看到的榕树。

师指导朗读。

后面的语言学习都采取上面这种方式：学生有序地讲自己拍摄的景物和拍摄的理由，在教师的引导下，学生在读中体会语言的美，想象文字描述的画面，在表达中进行语言重组练习，完成课后习题。

3. 配乐朗读第4～6自然段。

设计意图：在这部分学习中，要落实语文要素，逐步引导学生掌握借助"关键语句理解段落的意思"这个阅读技巧。在集体汇报时，点出景物的特点，教师有重点地引导学生品读描写生动优美的句子，通过抓关键词句，如"热闹""笼罩""绿绒大伞"等词语，让学生谈体会，品读语言的生动，想象画面，描述自己看到的画面，了解小城景物的特点，完成本课的学习目标，解决课后第1~2个练习题。

4. 齐读课文的最后一句话，体会这句话在课文中的作用。

（三）感悟表达，形成图式结构

1. 第4~6自然段，每一段分别都是围绕第一句话写的。第4自然段，先写什么？再写什么？最后写什么？

2. 默读第4自然段，根据课文填空。

第4自然段采用（　　　）的方法，先总写小城的庭院（　　　），再通过描写桉树的（　　　）和凤凰树的（　　　），表现了小城庭院的（　　　）。

3. 小结：一段文字围绕第一句话来写，先总写后分写，这段的结构就是总分结构。

设计意图：语文教学中的"阅读"是内化的过程，是"理解、记忆"的过程，也是发散思维、形成结构图式思维的过程。这些思考和练习的设计可以让学生形成段落结构图式。这种结构图式形象化地解释了什么叫总分段落结构。这样做使文章段落结构图式化，学生会把结构图式贮存在大脑信息网络中，从而掌握阅读技巧和表达方法，做到读写双赢。

（四）读写结合，巩固图式结构

1. 出示下水文

师：老师觉得这么写，很有意思。我尝试模仿这种写法，写了一段话，想请同学们来评判一下，老师的例文都写了什么？有没有围绕一句话来写？有建议，可以提出来。

例文如下：

我们小区的幸福小路可美啦！小路两旁有高大的木棉树、凤凰树，有矮小的七里香、桂花树，还有粗壮的细叶榕和紫荆花。这里一年四季绿树成荫，花香醉人。无论你什么时候走在这条路上，都可以看到各种颜色鲜艳的花。每到10月底，紫荆花盛开，那一排排紫荆花树，看上去就像一个个穿着花裙子的美丽的姑娘，伸展着双臂在舞蹈呢！风吹来，一朵朵，一片片的花，就像在空中翻飞的蝴蝶……一瞬间，路边的汽车顶上，草地上，人行道上，满是紫红的花瓣，好像铺上了红地毯似的。每当我经过这条路，紫红的花瓣落在我的头上，衣服上，感觉就像天上下着"紫荆花雨"呢！我放慢脚步，边走边欣赏着这被紫红色包围的世界，就像走在花海里，那感觉简直不是一个"美"字可以形容的……

2.让学生评价，并说出理由

设计意图：教师写下水文，作为范例，一是激发学生仿写的愿望，二是让学生再次形成结构图式思维，巩固总分结构的图式，协助学生搭建"写"的梯子，降低学生仿写总分结构文段的难度。

3.利用思维导图，指导写法

（1）师：昨天预习时，大家观察并用思维导图的形式记录了学校的鱼池。你觉得我们学校的鱼池怎么样？

生：鱼池四周的花好美。

生：鱼多，颜色漂亮……

（2）师：如果我们来写鱼池，尝试说一句总起句，谁来试一试？

生：鱼池中间的假山漂亮。

生：鱼儿多，颜色好看。

生：我们学校的鱼池好美哟！

师：同学们刚才说的句子，很多句子都可以作为一段话的开头，然后围绕这句话来写。

（3）师：如果围绕"我们学校的鱼池真美"这个句子写一段话，你会从哪些方面来写？

生：我会写鱼儿和假山。

生：鱼的颜色美。

师：有些什么颜色？

生：金色的、橙色的、黑色的、白里透红的……

师：大小呢？

（学生站起来用手比画，有的这么长，有的……）

师：用我们的语言来表达，我们可以用熟悉的事物来和鱼儿做一个对比，说说鱼儿的大小。

生：有的鱼有手指那么长。

生：有的有一本书那么长。

师：说说鱼儿游动时是什么样的。（师板书结构图）

生：成群结队，有一条白色的鲤鱼游得最快，总是冲在最前面。

生：鱼儿的尾巴像小扇子，一摆一摆的……

（4）小结：如果围绕"我们学校的鱼池真美"这句话来写，我们可以抓住鱼儿的颜色、大小和游动的姿态特点来写，还可以抓住假山的特点，鱼池四周的花的特点来写。

设计意图：教师协助学生搭好"写"的梯子，学生在老师的引导下学习写总分结构的文段的方法，降低仿写的难度。

（5）学生练习：以"我们学校的鱼池真美"为开头写一段话。

学生拿出预习时的观察记录（思维导图）。

同桌互评：如果发现某一句话不是围绕第一句话来写的，可以提出来并说明理由。

设计意图：我们在阅读过程中，记忆并积累了语言材料，在思维中形成了一定的表达图式，具备了表达的心理前提，在这一过程中，"读"为"写"提供了范例，提供了"技能模仿运用"的直观形式。当学生初步习得了某种结构图式，就引导学生运用结构图式，尝试写作，巩固图式。

（五）总结全文

集体交流，学生谈学习收获。

设计意图：一节课的结束，会给学生留下深刻的印象，一节课学习完成，让学生回顾学习过程，也是一个巩固的过程。

【作业布置】

1.摘录你认为本课写得好的句子。（本课的误后题）

2.继续完成小练笔。

【板书设计】

（用思维导图的形式呈现以下板书）

板书1：

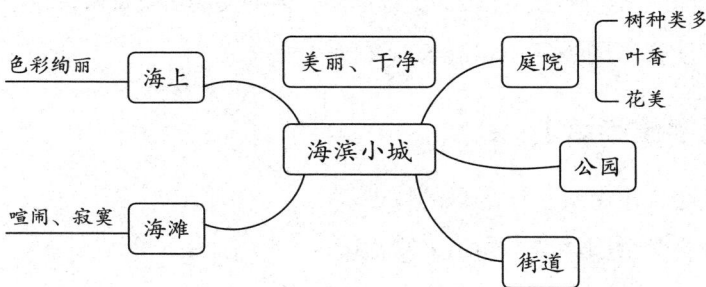

板书2（副板书）：

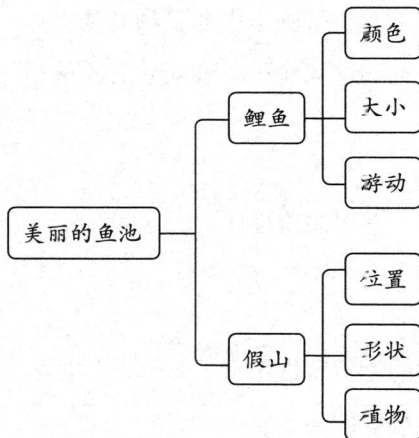

（本教学设计获得广州市小学语文统编教材教学设计评比二等奖。）

《海滨小城》第二课时研学案

【研学导航】

研学目标：

1. 我能正确、流利地朗读课文，能说出课文描写的主要景物及样子。

2. 我能在课文中画出我认为写得好的句子，摘抄下来和同学交流。

3. 我能找出第4～6自然段的关键语句，借助关键语句理解段落的意思。

4. 我能尝试围绕第一句话来写文段。

【研学重难点】

1. 我会说出海滨小城场景的特点。

2. 我会尝试围绕第一句话来写文段。

【学法指导】

1. 自读课文，用不同符号画出主要景物及其特点。

2. 我会抓住关键词句理解句子，和同学交流读后的体会。

【研学准备】

观察学校的鱼池，并画思维导图。

【研学过程】

学习第一站→我的学习我做主

1. 我认为课文写得好的句子是＿＿＿＿＿＿＿＿＿＿＿＿＿＿＿

＿＿＿＿＿＿＿＿＿＿＿＿＿＿，因为＿＿＿＿＿＿＿＿＿＿＿＿。

2. 我发现第4～6自然段，分别都是围绕第_____句话写的。有些句子很重要，可以帮助我理解这一段话的意思。

学习第二站→我的团队最优秀

默读第4～6自然段，用"照相机"拍下你最喜欢的一处景物，在文中批注喜欢的原因。

（学习方式：自主学习→合作交流→汇报）

学习第三站→我敢于大胆尝试

我会写一个总起句，会尝试围绕这个总起句写一段话：

我们学校的鱼池……

_____

_____

_____

学习第四站→我的收获最丰富

这节课的学习让我明白了：_____

评一评：

你能拿几个 👍 呢？请打上"√"。（见表3-1）

表3-1

我能自主学习	我能参与小组合作学习	我会抓关键词句理解场景的特点	我会尝试围绕一个句子写文段
👍👍👍	👍👍👍	👍👍👍	👍👍👍

字斟句酌，掌握秘诀

《人物描写一组》第一课时教学设计

【教材分析】

人教版五年级下册第七单元围绕"作家笔下的人物"这一主题，编排了三篇课文。第22课《人物描写一组》是从几个不同的作品中节选的段落，由这些段落组成一篇课文。从人物描写的方法来看，第一个片段《小嘎子和胖墩儿比赛摔跤》侧重动作描写。从教材选编的内容以及教材编排的目的来看，学习课文时，重点要放在感受人物形象，体会、学习作家描写人物的方法上。根据教材特点和学生的认知水平，我预计用三课时完成。《人物描写一组》每课时完成一个片段的学习指导。第一课时学习《小嘎子和胖墩儿比赛摔跤》片段，这个片段主要写了小嘎子和胖墩儿比赛摔跤的情景，刻画了小嘎子顽皮、机灵、争强好胜、富有心计的个性特点。作者把这个一分钟左右的摔跤比赛分成三个回合来写，读起来感觉是在"慢镜头"回放，其中有的是"特写镜头"。作者通过动作、心理、外貌等描写塑造人物，侧重动作描写。值得关注的语言特点是，作者通过比喻的方式把动作写得更加生动形象。

【设计理念】

叶圣陶先生曾经说过："阅读方法不仅是机械地解释字义，记诵文句，研究文法修辞的法则，最紧要的还在多比较，多归纳，多揣摩，多体会，一字一语都不轻轻放过，务必发现它的语言特性。"这充分体现语文学科区别于其他学科的特点。初步领悟文章的基本表达方法是五年级在阅读方面的学段目标之一。在阅读中要关注不同作者语言表达的独特方式与写作方法，提高学生语言文字的驾驭能力，为单元习作做好铺垫，实现阅读与写作的双赢，是语文课程标准所提倡的。为此，在课堂上，我采用"比较""联系生活""读写结合"等多种教学策略，从遣词造句角度去鉴赏，去揣摩作者描写人物的方法和生动的表达方式，这也为学生学习写小练笔做铺垫。我预设的研学问题指向两个方面，既要求学生在课文的重点词句上进行揣摩、品味，又要求学生对语言表达方式和写作方法进行感悟。研学问题体现了语文学科阶段性目标训练重点，能帮助学生提升语言、写作素养，是需要探究的教学问题。

【学情分析】

在本课之前，学生曾经学过人物描写类的课文，所以在体会作者描写人物的方法上，学生不难找出描写人物动作的词语，但在揣摩语言的表达方面，要给学生时间，教师要相机点拨。

因为本课有些北方的方言夹杂其中，要把课文读正确、流利也不容易，有些词语比较难理解，在教学时锁定重点词语，通过分解字词、联系生活等方法领会词语的含义，为突破重难点做好铺垫。南方的孩子没有摔跤比赛之类的游戏经历，对这项活动比较陌生，在体会动作描写方面会有难度，所以教学时先通过看小嘎子和胖墩儿比赛摔跤的视频（1分钟）走近人物，认识摔跤比赛。

根据五年级阶段性目标、教学内容及学情，我设计了以下教学目标。

【教学目标】

1. 认识12个生字，会写14个生字，能正确读写"侄儿、破绽、穿梭、郎中、媳妇、辉煌、苗条、风骚、打量、标致、气派、祖宗、可怜、精神抖擞、手疾眼快、膀大腰圆、敛声屏气、放诞无礼、转悲为喜"等词语。

2. 正确、流利地朗读课文，感受小嘎子、严监生、王熙凤这三个鲜活的人物形象。

3. 理解课文内容，学习作者抓住人物的动作、语言、外貌、心理活动描写人物的方法。

4. 激发学生阅读中外名著的兴趣。

【教学重难点】

感受作者笔下的人物形象。体会、学习描写人物的方法，并尝试写一个片段。

【课时安排】

课时安排：3课时。

【教学过程】

（一）紧扣主题，谈话导入

师：在这学期，我们学习了很多写人的课文，作家们用他们神奇的妙笔，为我们塑造了众多栩栩如生的人物形象，还记得吗？

生：能说会道的蔺相如。

生：舍己为人的老班长。

师：这些鲜活的人物形象给大家留的记忆是那么深刻。在作家的笔下，这些人物特点鲜明，让我们印象深刻，久久难忘。今天老师带同学们去认识两位很有特点的新朋友。来，一起叫一下他们的名字……

师：注意"嘎"和儿化音"墩儿"，来再叫一次——

师：大家看过北方小朋友的一种游戏"摔跤比赛"吗？我们一起来看看《小嘎子和胖墩儿比赛摔跤》的片段。

师：看到课题《小嘎子和胖墩儿比赛摔跤》，你觉得这节课，我们要学习什么？

生：了解小嘎子和胖墩儿这两个人的特点。

生：学习课文后，就知道他们是怎样摔跤的。

生：学习作者是怎样写的。

师：你们真会读书，一下子就抓住学习的重点内容啦！你们说的就是我们这节课的研学问题：小嘎子和胖墩儿给你留下了什么印象？作者用了什么方法刻画这两个人物形象？

师：想看他们摔跤的过程吗？

生：想！

（观看小嘎子和胖墩儿比赛摔跤的视频。）

师：短短一分钟的摔跤过程，作者是怎样刻画这两个人物形象的呢？我们走进课文去看看。

（二）自读课文，初步感知

（1）根据要求自学课文。

（2）检查自学情况。

（三）品读课文，感受人物形象

1. 自主合作学习

小嘎子和胖墩儿给你留下了什么印象？作者用了什么方法刻画这两个人物形象？

（学法提示：画出相关的句子—写批注—小组交流。）

2. 品读重点词句，体会人物形象

（1）小嘎子给你留下了什么印象？作者用了什么方法描写他？

生：他手快。

师：从哪个词句看出来？

生：大家看这个句子："小嘎子在家里跟人摔跤，一向仗着手疾眼快，从不单凭力气，自然不跟他一叉一搂。"从"眼疾手快"这个词语，我看出小嘎子出手快。

师：是的，你学会抓住重点词语来读懂这个人物。从这个词语可以看出他身手敏捷。

师：一起来读读这个句子，从这个句子还能看出小嘎子的什么特点？

生：小嘎子力气不如胖墩儿的力气大。

师：是的，你抓住这个词语来读，你读懂了小嘎子这个人物。因为小嘎子力气不如胖墩儿的力气大，所以他从不单凭力气和胖墩儿摔跤，从这里还可以看出他什么特点？

生：他爱动脑子，会想办法，很灵活。

师：作者用了什么方法描写他？

（抓住描写小嘎子动作、心理的词句，体会人物特点，如引导学生抓住"一向""手疾眼快""从不单凭力气"等词句体会小嘎子灵活的特点。）

师：小嘎子的特点还从哪个句子能看出来？

生：请大家看这个句子："起初，小嘎子精神抖擞，欺负对手傻大黑粗，动转不灵，围着他猴儿似的蹦来蹦去，总想使巧招，下冷绊子，仿佛很占了上风。"

师：你抓住哪几个词语体会？

生：我从"猴儿似的蹦来蹦去"看出他比较自信。从"总想使巧招，下冷绊子"看出他很想赢，心里有鬼主意。

师：从"欺负"一词看出什么？

生：可以看出小嘎子很有心机。

师："蹦来蹦去"换成"走来走去"，可以吗？为什么？

生：不能，如果换成"走来走去"就感觉他不灵活啦！

生：如果换成"走来走去"就感觉他不精神！

师：作者用了什么方法来写小嘎子？

生：动作描写，心理描写。

师：对呀，从一个人的动作描写可以看出这个人的性格特点。我们读了对一个人物的心理描写，在脑子里会留下他的印象。这就是刻画人物两个重要的方法。

（2）"小胖墩儿"给你留下什么印象？作者用了什么方法描写他？

（在学生汇报时，教师及时点拨和引导，抓一系列写两人动作的词、句去揣摩人物的性格。通过品味描写人物内心活动的句子，让人物形象在学生的脑海中更加丰富。抓描写动作的词语，通过换词来品味语言的准确。相机小结描写人物的方法。）

3.通过对比品读，体会语言的生动

（1）两人把"枪"和"鞭"放在门墩上，各自一站，对起阵来。起初，小嘎子精神抖擞……围着他蹦来蹦去，总想使巧招，下冷绊子，仿佛很占了上风。

（2）两人把"枪"和"鞭"放在门墩上，各自<u>虎势儿</u>一站，<u>公鸡鹐架似的</u>对起阵来。起初，小嘎子精神抖擞……围着他<u>猴儿似的</u>蹦来蹦去，总想使巧招，下冷绊子，仿佛很占了上风。

（通过读句子，比较句子，引导学生发现语言的秘密，就是在写动作的词语前用上恰当的词来形容，如上面用了比喻词形容动作，使动作更加生动、形象。）

（3）这篇课文不写小胖墩儿，只写小嘎子这个人物，可以吗？为什么？

（四）总结方法，迁移运用

1.回顾准确、细致的动作描写

精彩的摔跤比赛开始了，两人把"枪"和"鞭"（　　）在门墩上，俩人各自虎势儿一（　　），对起阵来。起初，小嘎子（　　）着胖墩儿猴儿似的（　　）。胖墩儿（　　）着腰，（　　）了裆，（　　）着眼珠子。两个人走马灯似的（　　）了两三圈，终于（　　）在一起，嘎子（　　），硬是（　　）不动他。小嘎子用脚腕子去（　　）他的脚，结果被胖墩儿一（　　），摔了个仰面朝天。

2.体会名言的含义

（1）出示名言：只有描写行动，人物才能站起来。——老舍

（2）读文学大师的话，谈自己的理解。

3.教你动作描写小妙招

（1）让动作连贯起来。

（2）把一个大动作分解成几个小动作，抓住人物最有特征的动作进行"慢镜头"描写，并选择恰当的动词。

4.迁移写法，以评促写

运用动作、心理描写的方法，写同学值日时的情景，或者你和同学在课间游戏活动的情景，注意要写出人物的特点。

（同学写完片段后，师生共同评议。）

（五）总结全文，推荐名著

（略）

【板书设计】

小嘎子和胖墩儿比赛摔跤

小嘎子　　　　胖墩儿

机敏、顽皮　　沉稳、憨厚

争强好胜

富有心机

动作、心理描写

【课后点评】

番禺区洛浦东乡小学陈剑雯对本课点评如下：

"把时间还给学生，让问题成为中心，使过程走向成功"是升级版"研学后教"核心理念，也是课堂教学的行为准则。邱老师的课堂就很好地体现了这一点。

为了突破教学的重难点，邱老师立足学情，准确地把握教材特点，明确教学目标，设置了精当的研学问题——"小嘎子和胖墩儿给你留下了什么印象？作者用了什么方法刻画这两个人物形象？"巧妙地将教学目标转化为学生的学习目标。在体会作者描写人物的方法上，学生要找出描写人物动作的词语并不难，但在揣摩语言的表达方面，则要给时间让学生去咀嚼。语文课程标准指出，阅读是学生个性化行为，不应以教师的分析来代替学生的阅读实践，应让学生在积极主动的思维和情感活动中，加深理解和体验，有所感悟和思考。而学生在自主、探究、合作的小组合作学习中品读描写小嘎子动作、心理的重点词句，教师再相机点拨，通过评价等方式引导学生探究的方向，很好地培养了学生独立性和创造性，为学生的终身发展打下基础。同时，邱老师能够采用"比较""联系生活""读写结合"等多种后教策略，引导学生去揣摩作者描写人物的方法和运用的生动语言，这也为学生学习写小练笔做铺垫，使学生的语文素养得到切实的提高，充分让学生体会到"只有描写行动，人物才能站起来"，课堂达成度高。总体来说这是一节优秀的教学课例。

《人物描写一组》第一课时研学案

【研学目标】

1. 我会认识5个生字，会写4个生字，能正确读写"破绽、精神抖擞、手疾眼快、膀大腰粗"等词语。

2. 我会正确、流利地朗读课文，边读边想象课文中小嘎子这个鲜活的人物形象。

3. 我会理解课文内容，学习作者描写人物的方法。

4. 我会读一读《小兵张嘎》等名著。

【研学重难点】

感受小嘎子的形象，体会、学习作者描写人物的方法。

【研学路线图】

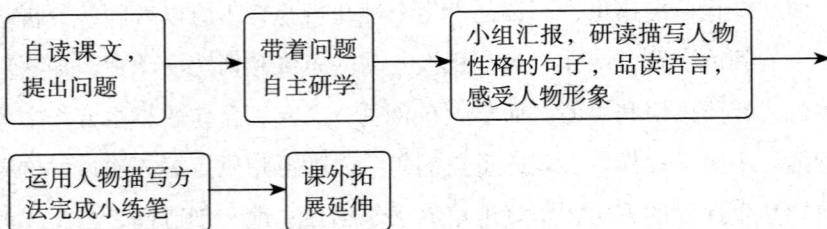

图3-1

【研学过程】

自主研学：学习生字，初步了解课文内容。

1.我会和同桌互相纠正读音：

咕咚　　破绽　　合了裆　　扳不动　　别住了

精神抖擞　　膀大腰粗　　手疾眼快　　公鸡鹐架

2.我会仔细观察课后的生字，把难写的生字写端正：＿＿＿＿＿＿＿＿。

3."公鸡鹐架"是指＿＿＿＿＿＿＿＿＿＿＿＿＿＿＿＿＿＿＿＿＿＿＿＿＿

＿＿＿＿＿＿＿＿＿＿＿＿＿＿＿＿＿＿＿＿＿＿＿＿＿＿＿＿＿＿＿＿＿＿＿＿

研学问题：小嘎子和胖墩儿给你留下了什么印象？作者用了什么方法刻画这两个人物形象？

（学法提示：画出相关的句子—写批注—小组交流。）

我从句子＿＿＿＿＿＿＿＿＿＿＿＿体会到＿＿＿＿＿＿＿＿＿＿＿＿＿。

研学运用：运用动作、心理描写的方法，写同学值日时的情景或者你和同学在课间游戏活动的情景，注意要写出人物的特点。

＿＿＿＿＿＿＿＿＿＿＿＿＿＿＿＿＿＿＿＿＿＿＿＿＿＿＿＿＿＿＿＿＿＿＿＿

【研学后评】

1. 谈谈本节课的收获和疑惑。

2. 自我评价，小组评价。（见表3-2）

表3-2

评价内容	评价标准（在相应的等级上打√）		
我学会4个生字，用现有的识字方法，查字典、联系上下文，理解本课的新词	A.优秀	B.良好	C.有待努力
我能自主研学，找出最能表现人物性格的语句，抓住关键词句理解句子，并能体会这样写的好处	A.优秀	B.良好	C.有待努力
我能积极参与小组的交流、合作学习	A.优秀	B.良好	C.有待努力
自评：	小组评：		

阅读拓展：

《小兵张嘎》简介：

抗日战争时期，生活在冀中白洋淀的小男孩张嘎与唯一的亲人奶奶相依为命。为了掩护在家养伤的八路军侦察连长钟亮，奶奶英勇地牺牲在日军的刺刀下，钟亮也被敌人抓走。为替奶奶报仇和救出老钟叔，嘎子历经艰辛，找到了八路军，当上了一名小侦察员。他配合侦察排长罗金保执行任务时，表现得勇敢、机智。在一次战斗中，他缴获了敌人的一支手枪，偷偷把枪藏进老鸹窝里，没有上缴。为攻打敌人岗楼，他奉命进城侦察时被捕。当敌人拷问时，他英勇反抗，坚强不屈。当部队攻打岗楼时，他设法在里面放火，发挥了很好的配合作用，最终里应外合，全歼敌人，救出了老钟叔，也替奶奶报了仇。战斗结束后，嘎子把藏在老鸹窝里的手枪主动拿出来交公，队长则正式宣布把手枪发给他使用。嘎子心满意足，便将自己珍爱的木制小手枪送给了好朋友胖墩。

> **附：**

功夫在课前、课后练就

——执教《小嘎子和胖墩儿比赛摔跤》一课后的反思

今年4月，我上了一节展示课，是人教版五年级下册第五单元第22课《人物描写一组》中的第一个片段《小嘎子和胖墩儿比赛摔跤》的教学。虽然已经完成任务，但这节课给自己带来的思考和启发是无限的。记下自己备课时的心路历程和教学中的点滴，及时分析总结这一课的得失，分析其原因，以备日后温故而知新。

一、教学前的备课

（一）站在读者的角度备课

《小嘎子和胖墩儿比赛摔跤》片段主要写了小嘎子和胖墩儿比赛摔跤的情景，反映了小嘎子顽皮、机灵、争强好胜、富有心机的个性特点。解读文本，不难看出作者是通过动作、心理、外貌等描写塑造人物，给人留下栩栩如生的人物印象。文章主要侧重动作描写。作者把这个一分钟左右的摔跤比赛分成三个回合来写。感觉是在"慢镜头"回放，其中有的是"特写镜头"。在描写动作时作者用词准确，更生动的是作者通过比喻把动作写得更加生动形象。比如，"俩人把'枪'和'鞭'放在门墩上，各自虎势儿一站，公鸡鹐架似的对起阵来。"和"起初，小嘎子精神抖擞，欺负对手傻大黑粗，动转不灵，围着他猴儿似的蹦来蹦去，总想使巧招，下冷绊子，仿佛很占了上风"这两个句子中，形容站的动作用"虎势儿"来比喻，形容对阵的动作用"公鸡鹐架似的"来比喻，形容小嘎子蹦来蹦去用"猴儿似的"来比喻。有了这几个让人充满联想和想象的比喻，才使他们的形象活灵活现在学生的头脑中。如果没有这几个比喻，人物形象就不会丰满，不会在读者心中站起来，读起来也感觉没那么有味道。

（二）站在语文教师的角度备课

这篇课文是第七单元的开篇课文，是从几个不同的作品中节选的段落，由这些段落组成一篇课文。教材编排的目的是让学生学习到人物描写的多种方法，所以学习课文时，要把训练的重点放在感受人物形象，体会、学习作家描写人物的方法上。这篇课文的课后习题除了要求学生从课文的重点语句中感受人物形象外，还有一道选做题，是关于课外阅读摘抄人物的精彩句段的。我感觉自己选了一篇比较难理解、难出彩的课文。课文内容没有什么生长点，难设计出精彩环节，难以达到让人观摩后有眼前一亮的感觉。很多老师都会以上面这个问题为主要问题进行教学，感悟人物形象后再总结写人物的方法，这也是老套。我陷入困境，苦思冥想之后想起叶圣陶先生曾经说过："阅读方法不仅是机械地解释字义，记诵文句，研究文法修辞的法则，最紧要的还在多比较，多归纳，多揣摩，多体会，一字一语都不轻轻放过，务必发现它的语言特性。"是啊！语文教学还是要重在学语言，用语言，自己追求的也是语文课要有浓浓的语文味呀！为此，我定位：在这一课的教学中，要关注文本中关键、生动的词句，采用"朗读""比较""联系生活""想象"等多种方法，从遣词造句角度去鉴赏，让学生去揣摩，体会作者是怎样运用生动的语言来描写人物的动作的。不仅如此，还要在体会作者写作方法上下点功夫。

（三）站在学生的角度备课

在备课时，我反复读课文，觉得这课文要让学生读正确、流利也不容易，因为有些北方的方言夹杂其中，再加上我选的课文靠后，要提前上。学生还没有上第五单元"中国古典名著"为专题的四篇课文，少了学习当代白话文的基础，会感觉有些词语比较难理解，如"虎势儿""冷绊子""公鸡鹤架""合了档"等词，粤语里没有这些词语，广州的孩子没有摔跤比赛之类的游戏经历，对这项活动比较陌生，所以本课的教学对广州的孩子来说有一定的难度。所以教学时先让学生通过看小嘎子和胖墩儿比赛摔跤的视频走进人物和认识摔跤比赛这个游戏，再让学生读熟课文，给时间读文本和理解生僻的词语，并在教学时锁定这几个难点词语。

二、教学后的反思

根据备课时的思考，课堂上我努力实现备课时的意图。当然，预设和真实的教学还有一定的距离，但教学结束后，我觉得有以下的优点与不足之处。

（一）教学中比较好的地方

（1）落实了语言的品味。在语言的品味方面，我设计了两个方面，一是抓住描写人物动作、心理的句子研读，体会人物的特点，引导学生抓关键的词句来谈感受。例如，从"手疾眼快，从不单凭力气"中，你体会到什么？"总想使巧招，下冷绊子"又给你留下什么印象？还通过比较句子的方法来品味作者运用语言的秘密。又如：删掉"虎势儿""公鸡鹤架似的""猴儿似的"三个形容动作的比喻词后和文本中的原句子进行比较，学生感悟到恰当的比喻会让句子变得生动起来这个表达方法的秘密。从学生学习的专注程度和汇报结果可以看出，预设和达成的效果还是不错的。

（2）关注了人物描写的方法。在品味语言的同时，我相机点拨，启发学生归纳作者的写作方法，为学习写法做铺垫。与此同时，我还补充老舍的写作经典语言让学生读后谈想法，加深印象。学完课文后，又补充写作小方法，如动作描写小妙招，让学生揣摩、体会作者的写作方法并逐步运用，为单元习作打下基础，实现阅读与写作的双赢。

（二）不足之处

在"运用写法，以评促写"环节，时间不够充裕，回顾每个教学环节后，在研读描写"小嘎子"的语句，感悟人物特点的这个环节还可以缩短时间，重点要落在写作方法上。

对比阅读，迁移写法

《真理诞生于一百个问号之后》教学设计

【教材分析】

《真理诞生于一百个问号之后》是人教版六年级下册第六单元的一篇精读课文，体裁为议论文。课文的题目也是作者的主要观点。作者在文章开头提出观点，然后用三个有代表性的事例论述了只要善于观察，不断发问，锲而不舍地追根求源，就能发现真理这一科学规律，最后总结全文，重申观点。议论文的教学在于启发学生的思维，有别于散文、记叙文等感受性阅读。编者意图：一是让学生了解科学家发现真理的一般规律——"真理诞生于一百个问号之后"，从中感受、领悟见微知著，独立思考，不断探索的科学精神；二是作为一篇真正意义上的议论文，学习课文用具体典型的事例说明观点的写作方法，了解议论文简单的文体知识，为初中议论文的学习做铺垫。

【学情分析】

通过六年的语文学习，学生都有了一定的自学能力，我班同学掌握了一定的阅读技能，有自己独到的见解，并愿意自由表达独特的感受。小学阶段学生初步接触议论文，不宜在文体上做过多讲解，所以我会淡化文体知识。学生在做小练笔时，可能出现的问题：一是描述的具体事实不能证明观点,二是描述的具体事实不能突出重点。为解决这个问题,我会先让学生阅读范文,加以引导,再练习写片段。

【教学目标】

1. 会写5个生字,正确读写"诞生、洗澡、漩涡、逆时针、司空见惯、无独有偶、见微知著"等词语。

2. 能联系上下文理解含义深刻的句子。摘抄对自己有启发的句子。

3. 通过对比阅读,理解三个关于科学发现的故事,能从具体事例中正确理解"真理诞生于一百个问号之后"的含义。体会具体事例在说明观点时的作用。找到三个科学故事在内容和写法上的相同点。

4. 能仿照课文的写法写一段话,用具体事实说明一个观点。

【教学重难点】

教学重点:能从具体事例中正确理解"真理诞生于一百个问号之后"的含义。找到三个科学故事在内容和写法上的相同点。

教学难点:能仿照课文的写法写一段话,用具体事实说明一个观点。

【课时安排】

课时安排:2课时。

【教学过程】

第一课时

(一)第一课时教学要点

1. 初读课文,整体感知。

2. 细读课文,理清脉络。

3. 初悟观点,体会含义。学习课文1~2自然段。

（二）第一课时教学过程

1. 谈话导入，引入新课

（1）有很多同学特别崇拜科学家，能说一说你最崇拜的科学家是谁吗？

（2）你们知道科学家们主要依靠什么取得了伟大的成就吗？

（3）有人提出这样一个观点"真理诞生于一百个问号之后"。（板书课题，理解课题）

2. 初读课文，整体感知

（1）提出自学要求：

① 朗读课文，把课文读通顺，读完后同桌互相检查生字词的读音。

② 默读课文，思考课文是围绕哪句话来写的，把这句话画出来。

（2）出示词语，检查本课生字词的认读情况。

① 指名读词语。

② 学生提出自己不理解的词语，全班交流。

（3）指名分段读课文，纠正字音，疏通难读的句子。

（4）汇报：课文是围绕哪句话来写的？

3. 再读课文，理清脉络

（1）默读课文，边读边想课文每个自然段都写了什么，给课文划分段落。

（作者用了哪些事例？师或生板书小标题：洗澡水的漩涡、紫罗兰的变色、睡觉时眼珠的转动）

（2）学生交流段落划分，说明分段理由。

（3）教师对照板书进行小结：这篇课文思路特别明晰，作者开门见山提出自己的观点，明确指出"真理诞生于一百个问号之后"这句话本身就是"真理"，然后概括地指出在千百年来的科学技术发展史上，那些定理、定律、学说，都是在发现者、创造者解答了"一百个问号之后"才获得的，由此引出科学发展史上的三个有代表性的确凿事例，之后对三个典型事例作结，强调这三个事例"都是很平常的事情"，却从中发现了真理，最后指出科学发现的"偶然机遇"只能给有准备的人，而不会给任何一个懒汉。

4.初悟观点，体会含义

（1）作者是怎样解释这个观点的含义的？自由读第2自然段，边读边画出你认为关键的词句。

①"司空见惯""追根求源"是什么意思？

（主要采用联系生活和理解寓意的方法来理解。）

②这里的"？"和"！"分别表示什么？

（"？"的含义是：看出问题，不断发问，追根求源。"！"的含义是：不断解决疑问，找到真理。）

（2）最后把"？"拉直变成"！"，找到了真理，就是"真理诞生于一百个问号之后"的意思。

（3）齐读第2自然段，体会文中观点的含义。

5.小结

对比本文与前面的课文，找出写法上的不同。

▶━━━ 第二课时 ━━━◀

（一）第二课时教学目标

1.能从具体事例中理解"真理诞生于一百个问号之后"的含义。

2.读懂文中关于科学发现的故事，找到三个科学故事在内容和写法上的相同点。体会具体事例在说明观点时的作用。

3.学习课文的写作方法，能仿照课文的写法写一段话。

（二）第二课时教学重难点

教学重点：找到三个科学故事在内容和写法上的相同点。体会具体事例在说明观点时的作用。

教学难点：初步理解议论文的基本写法，并能仿照此写法写一段话。

（三）第二课时教学过程

1. 复习旧知，引入新课

（略）

2. 精读课文，对比写法

（1）抓住主线，对比阅读。主要包括以下过程：

① 投影研学案，思考研学问题。（先自主学习再小组交流。）

研学问题1：三个具体事例中的"？"和"！"指的是什么？从"？"到"！"的过程是怎样的？默读课文3～5自然段，做批注。

研学问题2：三个科学故事在内容和写法上有什么相同点？

② 汇报交流研学成果。（主要是三个事例写法上的相同之处。教师在关键处点拨。）

a. 这三个事例都是从生活中<u>细小的、司空见惯的</u>现象中发现问题的。

追问：你从哪看出来的？这说明这三个人都是怎样的人？用上"他们都是_____的人，因为_____"这样的句式回答。

b. 这三个事例中的人都是生活当中的有心人，善于观察、思考。

追问：哪里体现他们是有心人呢？

他们都是善于观察、独立思考、有准备的人。

c. 这三个事例中的结论都是经过不断探索才得到的。

d. 三个事例都是先写什么？（生：发现问题）再写什么？（生：反复试验）最后写什么？（生：得出结论）写法是一样的。请回答问题的学生把答案写在黑板上。

③ 深入探讨。每个事例中的发现问题、反复实验、得出结论，哪一部分要写得具体、详细些？为什么这样写？

小结：作者选取这些事例是为了证明自己的观点"真理诞生于一百个问号之后"，重点要说明"真理"与"问号"之间的关系，所以"发现问题""得出结论"这部分写得较具体些。

④ 还能列举出这样的事例吗？请具体说一说。

（学生可能会谈到曾经学过的伽利略"两个铁球同时着地"的事例。补充事例：某种蚯蚓在美国东海岸有，在欧洲西海岸同纬度地区也有，而在美国西海岸却没有，魏格纳从这种蚯蚓的分布情况，推论出欧洲大陆与美洲大陆本来是连在一起的，后来裂开了，分为两个洲。）

⑤ 朗读第6自然段。指名说说本自然段的作用。

（2）品悟结论，体会写法：

① 经过三个具体事例的论证，最后得出一个什么结论呢？读第7、8自然段。

②"见微知著"是什么意思？它和课文开头有什么联系？

3. 回归整体，总结收获

（1）总结全文。投影：

这篇文章作者先**提出观点**：（真理诞生于一百个问号之后）；然后再用（洗澡水的漩涡、紫罗兰花的变色、睡觉时眼睛的转动）进行了**事例论证**；最后又**总结观点**：只要（见微知著、善于发问、不断探索），就能发现真理。这样的文章叫作论说文，也叫作**议论文**，不同于我们经常阅读的记叙文。

提炼出议论文的三个部分：**提出观点—论证观点—总结观点**。

（2）学习了这篇课文，你有什么收获？引导学生多从文章写法方面来谈。

4. 铺路搭桥，迁移写法

（1）读课后小练笔练习要求：仿照课文写法写一段话，用具体事实说明一个观点，如"功夫不负有心人""虚心使人进步，骄傲使人落后"。

（2）指导学生学习本课的写法，尝试写一段话：

师：选择其中一个观点，你打算怎么写事例说明观点？

生：我选择"功夫不负有心人"这个观点，用我自己学钢琴的例子来说明。

师：除此以外，还有其他例子没有？

生：我想写我表姐刻苦努力学习的事例。

师：嗯，可以证明你的观点，但是，如果你选择两个例子，第二个例子最好选择在书上、报纸杂志上或者电视中看到的例子。两个事例一定都要突出刻苦努力品质。

师：你打算怎样写这个事例？

生：先写……再写……最后写……

师：对，按这样的顺序来写，条理清晰，足以证明自己的观点。

（3）同桌一起讲一讲，互相给建议：看自己所选择的观点和选取的事例，能否说明自己的观点。

（4）学生练习写话，老师巡视指导，学生写完可以小组内交流。

（5）全班交流评议：找几个同学读一读自己写的片段，评价是否做到了观点鲜明、事例典型有说服力。

5.教师小结。

（略）

【作业布置】

1.摘抄对自己有启发的语句。

2.阅读有关你崇拜的科学家的传记或其他科普作品，了解科学家发明创造的故事。

【板书设计】

观点：真理诞生于一百个问号之后

$$? \qquad !$$

事例：
- 洗澡水的漩涡 —— 发现问题（详）
- 紫罗兰的变色 —— 反复试验（略）
- 睡觉时眼珠的转动 —— 发现真理（详）

结论：见微知著　善于发问　不断探索

提出观点——论证观点——总结观点（议论文的写法）

《真理诞生于一百个问号之后》研学案

【研学导航】

地球的自转：地球绕自转轴自西向东转动。地球自转是地球的一种重要运动形式，地球自转的方向是自西向东，也就是在北极上空看，地球是逆时针转的；地球的自转是周期性的运动，自转的周期是一日，即一个太阳日；自转有角速度和线速度之分，全球各地的角速度是一致的，线速度因所处纬度和高度而各不相同。地球自转的影响表现为昼夜变化等天体的周日运动和地转偏向力。日月星辰东升西落的现象就是自转概念最好的说明，尤其是太阳造成了地球的昼夜交替，有利于地表热量平衡。

石蕊：石蕊是一种枝状地衣，可提炼出红紫色的结晶粉末，粉末的主要成分是碱性碳酸盐。这种粉末微溶于水，易溶于酒精。将粉末溶于酒精溶液中，形成一种混合物，就是石蕊色素染料；把滤纸浸在染料中，干燥后便成了石蕊试纸。石蕊在医药和化学试剂方面有重要价值。有些种类可提取抗生素，如雀石蕊、软石蕊等；有些种类可提取石蕊试剂，如石蕊、鳞片石蕊等。石蕊试纸常用来检定物质的酸碱性。如果将石蕊试纸放入酸性溶液中，试纸就会转为红色；如果将石蕊试纸放入碱性溶液中，试纸则变成蓝色。

【研学目标】

1. 我会认本课的5个生字，正确读写"洗澡、漩涡、无独有偶、司空见惯、见微知著"等词语。

2. 我会联系上下文理解含义深刻的句子，会摘抄对自己有启发的句子。

3. 我能通过对比阅读，理解三个关于科学发现的故事，能从具体事例中正确理解"真理诞生于一百个问号之后"的含义，能找到三个科学故事在内容和写法上的相同点，体会具体事例在说明观点时的作用。

4. 我会仿照课文的写法写一段话，用具体事实说明一个观点。

【研学重难点】

1. 我知道三个事例中从"？"到"！"的过程，找到三个科学故事在内容和写法上的相同点，体会具体事例在说明观点时的作用。

2. 我会仿照课文的写法写一段话，用具体事实说明一个观点。

【学法指导】

自主学习、合作探究、做批注。

【研学路线图】

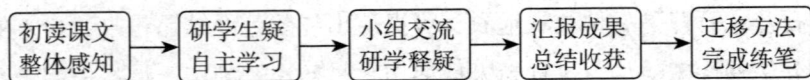

图3-2

【研学过程】

（一）自主学习，研学生疑

初读课文，整体感知。

1. 我能读准这些词语：

诞生　纵观　漩涡　敏锐　追根求源　见微知著

锲而不舍　旋转　洗澡　花圃　推理　逆时针　司空见惯

无独有偶　打破砂锅问到底

2. 我会写比较难写的字：_____。

3. 课文是围绕_____这句话来写的。作者运用了具体事例来论证自己的观点，分别是（概括小标题）_____

_____

4. 我的疑问：_____

_____？

（二）合作交流，研学释疑

研学问题1：三个具体事例从"？"到"！"的过程是怎样的？三个具体事例在说明观点时的作用是什么？

研学问题2：三个科学故事在内容和写法上有什么相同点？

1. _____　　2. _____

3. _____　　4. _____

（三）学以致用，拓展延伸

小练笔：仿照课文写法写一段话，用具体事实说明一个观点，如"功夫不负有心人""虚心使人进步，骄傲使人落后"。

_____

_____

_____

_____

（四）学习小结，评价提高

1. 谈谈本节课的收获和疑惑。

2. 学生评价，组长统计。（见表3-3）

表3-3

评价内容	评价标准（在相应的等级上打√）		
能运用查字典、联系上下文等方法理解新词	A.优秀	B.良好	C.有待努力
能从具体事例中正确理解"真理诞生于一百个问号之后"的含义。会找到三个科学故事在内容和写法上的相同点	A.优秀	B.良好	C.有待努力
会仿照课文的写法写一段话，用具体事实说明一个观点	A.优秀	B.良好	C.有待努力
能积极参与讨论交流	A.优秀	B.良好	C.有待努力
总评：			

【拓展阅读】

自信，成功的第一秘诀

每个人都希望自己获得成功。读书的希望成绩优秀，演戏的希望观众赞赏，做工的希望超额完成任务，经商的希望赚钱，从政的希望政绩赫赫……成功，可能有许多因素，但自信是一个重要的因素。爱默生说："自信，是成功的第一秘诀。"

我们要想干成一件事，要想取得成功，首先要战胜自己，战胜怯懦，战胜自卑，否则永远也不会获得成功。

自信，是建筑在对前途充满必胜信念基础之上的优秀心理素质。爱因斯坦的"相对论"发表以后，有人曾炮制了一本《百人驳相对论》，网罗了一批所谓"名流"对这一理论进行声势浩大的挞伐。可是爱因斯坦自信自己的理论必然胜利，对挞伐不屑一顾，他说："假如我的理论是错的，一个人反驳就够了，一百个零加起来还是零。"他坚定了必胜的信念，坚持研究，终于使"相对论"成为20世纪的伟大理论，为世人瞩目。

自信，不是盲目的自大，不是乱拍胸脯，而是智慧与才能的结晶。

湖北有个叫程抱金的青年，他在工作中萌发了把数学模型用于企业成本管理的念头。当时他仅仅有中专学历，难以承担这项研究重任。然而他确信此项研究的光辉前景，于是他边补习高等数学，边进行探究。这时他不仅遇到重重困难，而且还遭到一些人的冷嘲热讽，说他是"丑小鸭"。然而自信一直支撑着他，在各方面的帮助下，他终于取得了成功。不懈的努力、必胜的信心是他成功的动力；冷静的分析、刻苦的学习是他美梦成真的伴侣。可见，没有自信心不行，没有脚踏实地的学习也不行。

历史上无数成功的事例和经验，证明了自信之于成功的重要；历史上无数失败的事例和教训，也从反面证明了自信之于成功的重要。固然，盲目的自信是自大，要不得；而妄自菲薄、过度自卑也要不得。试想每当做一件事情时，总是过分地夸大困难，总是对自己的力量估计不足，前怕狼，后怕虎，那怎么能去迎着困难和挑战奋勇前进呢？自信，不仅是我们现在取得优异成绩的保证，也是我们将来肩负实现中华民族伟大复兴的历史革命的重要条件。挺起胸膛，努力实践，迎接挑战，去夺取胜利！

自信，事业成功的保障

人们常说："自信是事业成功的保障。"这句话很有道理，只要自己相信自己，相信自己一定会成功，天底下所有的问题就可能迎刃而解。

历史的名人有哪一个一生是一帆风顺的呢？不都遇到过挫折吗？但名人之所以能成为名人，是因为他们能在受到挫折时抬起头来奋力向前追赶。人有他的高峰期，可能也有他的低谷期。达到了高峰时可以说走到了辉煌，但是走到了低谷也不要气馁，要有自信，最大限度地挖掘自己的潜能，这样往往可以达到一个最好的效果。

爱迪生小时候最喜欢科技小制作，但是他学习非常不好，青年时仍凭借着自信坚持发明创造。我们现在用的灯泡，可是爱迪生费了好大的一番功夫才发明出来的。他尝试着在一千多种材料中挑一种最耐用的来制作灯丝，当时周围的人们都取笑他，但是爱迪生不顾周围的舆论，坚持做实验，终于发现了钨丝最适合做灯丝。他发明了灯泡，可谓照亮了全世界，为世界的经济发展作出了自己的贡献，他也成为世界上伟大的发明家。

美国著名作家海伦·凯勒，一岁半就双目失明，长大后她凭着对自己的信心，凭着不懈的努力踏入中学校门。此后，她对她自己越来越有信心，并且被美国著名学府——哈佛大学录取。

可见，自信是人获胜的法宝，更是事业成功的保障。但是，自信也要有度，过高地估计了自己而轻视别人就等于自傲自负，全不把别人放在眼里，最终可能导致失败的结果。

三国时候的马谡，的确有才能，但是他看不到自己的弱点，过高地估计了自己，终究因为街亭失守而身首异处。"骄兵必败"就正好说明了这个事实。

自信，可以使一个人从平常走到辉煌；自信，可以使一个人从绝望看到希望；自信，可以使一个人从暗淡走向光芒。自信，是一个人事业成功的保障。

打破砂锅问到底的牛顿

1666年秋季，牛顿为避鼠疫回故乡暂住。一天傍晚，牛顿正坐在花园的苹果树下思考一个复杂的问题。忽然，一阵风吹过，一个苹果"咣"地掉了下来。此时正是苹果成熟的季节，不一会儿便有好几个苹果先后落地。这引起了牛顿的注意，他想，苹果为什么不向天上飞，也不向前后左右掉，而偏偏是垂直往地上掉呢？肯定是地球在吸引它……这一简单的生活现象，引起了牛顿的深入思考，最后引导他发现了著名的万有引力定律。

见微知著

该成语出自《韩非子·说林上》："圣人见微以知萌，见端以知末，故见象箸而怖，知天下不足也。"北宋苏洵《辨奸论》："惟天下之静者乃能见微而知著。"

见微知著是指见到事情的一点儿苗头，就能知道它的问题实质或发展趋势。

"见微知著"的"微"是微小的意思。但如何能见微知著而又不以偏概全呢？"微"是在此条件下的微小，即对这个"微"所在的整体的影响小。要"知著"，就需一个条件，在这个条件下，原来的"微"已经由原来处于矛盾的次要方面转换为主要方面了，因此能"知著"。因此，要避免犯以偏概全的错误，就需时刻关注周围的事物，一旦发现哪个事物上升为矛盾的主要方面了，就必须马上做出判断，以免延误时机。

小问题：你能用自己的话解释"见微知著"吗？

聚焦经典，感受特点

《少年闰土》第一课时教学设计

【教材分析】

人教版六年级上册第五单元《少年闰土》节选自鲁迅先生的短篇小说《故乡》。闰土是小说的主人公，是"我"儿时的好友。课文通过"我"的回忆，刻画了一个机敏勇敢、聪明能干、知识丰富的农村少年形象，表达了"我"对闰土的友谊以及对他的怀念之情。课文的开头："深蓝的天空中挂着一轮金黄的圆月……反从他的胯下逃走了。"这段是对少年闰土看瓜刺猹的细致描写，是作品中的经典镜头，在全文中起了特殊作用：一是以景烘托人物形象；二是生动勾画人物形象；三是营造气氛，设下悬念。这一段文字展现的画面会给人留下深刻的印象。课文先写"我"记忆中的闰土，接着写与闰土相识、相处的过程。在"我"和闰土相处的部分，具体写了闰土给"我"讲捕鸟、捡贝壳、看瓜刺猹和看跳鱼四件事。最后写两人的分别和友谊。教学此文既要抓住含义深刻的句子，体会"我"的思想感情的变化，又要聚焦闰土的外貌、语言、动作的描写，体会闰土这个人物的特点。

【教学目标】

1. 学写7个生字，正确读写"胯下、厨房、刺猬、畜生、明晃晃"等词语。

2. 能正确、流利、有感情地朗读课文，背诵第1自然段。

3. 理解含义深刻的句子，体会"我"思想感情的变化。

4. 通过品读重点词句，了解闰土的特点。学习作者的表达方法。

【教学重难点】

教学重点：抓住对闰土的外貌、语言、动作的描写，体会闰土这个人物的特点。领悟作者的表达方法。

教学难点：理解含义深刻的句子。

【课时安排】

课时安排：2课时。

【教学过程】

第一课时

（一）谈话交流，导入新课

1. 师生交流，话鲁迅。

2. 板书课题，齐读课题。

（二）初读课文，整体感知

1. 自主学习，提出研学问题。

2. 完成研学案1～4小题。

在课本空白处做简单的批注。

3. 自学字词，理文章思路：

（1）我会读课后的生字并给生字组词。我会写好：＿＿＿＿＿＿＿。

（2）课文先写＿＿＿＿＿，接着写＿＿＿＿＿，然后写＿＿＿＿＿，最后写＿＿＿＿＿。

（3）闰土和"我"在一起时，给"我"讲了哪些事呢？抓住文中的关键词进行概括。

（4）研学生疑：_____?

4.生汇报：

（1）指名读词语，集体纠正字音。

（2）结合生活理解部分词语。

（3）课文记述了"我"和闰土的哪几件事？

5.用简洁的语言概括四件事。

6.师生探讨，确定本节课的研学问题。

闰土给你留下了怎样的印象？作者是怎样写人物特点的？

（三）了解闰土的特点，领悟表达方法

1.初识闰土，了解特点：

（1）"我"和闰土第一次见面时，闰土给"我"留下什么印象？

生：他很勇敢。

师：这个是作者后来了解到的。老师说的是"我"和闰土第一次见面时。

生：闰土见陌生人有点怕羞。

生：闰土的脸是圆的，紫色的，很可爱。

生：脖子上有个银项圈。

师：这个是"我"第一次和闰土见面时闰土给"我"留下的深刻印象，以至于很多年后，童年时期闰土的样子仍深深地印在"我"的脑海里。

（2）默读句子。从对闰土的描写中你读出了什么？

投影句子：

"他正在厨房里，紫色的圆脸，头戴一顶小毡帽，颈上套一个明晃晃的银项圈……我们便熟识了。"

生：感觉他很健康。

生：他是农村孩子。

生：他父亲很爱他。

生：结实。

师：作者是怎样写出这个人物特点的？

生：外貌描写。

2. 熟悉闰土，加深印象：

（1）闰土和"我"在一起时，给"我"讲的这四件事中，哪件事给文中的"我"留下了最深刻的印象？

（2）品读"看瓜刺猹"部分，感悟写法。

师生合作读"看瓜刺猹"部分。

师：你仿佛看到了一个怎样的闰土？

生：我仿佛看到了一个很勇敢的闰土。

生：我看到了一个很机灵的闰土。

生：感觉闰土见多识广，有好多经验。

师：作者在这里用了什么方法来塑造人物形象？

生：语言描写和动作描写。

师：对，作者就是通过对闰土的语言和动作的描写刻画了一个机灵、勇敢的少年。

师：老师小时候读了这篇文章后，课文开头一段所描写的景与少年到现在也深深地印在脑海里，挥之不去呢！我们一起来读读本段。从中你还仿佛看到什么？

生：我看到夜色特别美。在夜色衬托下有一个十一二岁的英俊的少年正在用力地刺猹。

师：请你用声音表达你的感受！

生：（读本段）

师：从你的声音中我感受到那夜的美，还有少年的勇敢。

生："蓝"天、"碧绿"的西瓜地、一轮"金黄"的圆月，景色特别美，安静，舒服，我好喜欢，人在这种景色中，感觉也特别美。

师：多优美的语言啊！让我们的思绪走进夜色下的田园，在朗读中再现少年闰土。

师：鲁迅先生如此描述这幅画面——［教师配乐诵读（背）第1自然段］

师：这幅画卷在"我"的心头魂牵三十年，三十年后依然是如此清晰。也是因为这幅画卷，我们感受到大文豪文笔的精妙。让我们一起背诵这段文字，让它深深地烙在我们的心中。

深蓝的天空中挂着一轮金黄的圆月，下面是海边的沙地，都种着一望无际的碧绿的西瓜。其间有一个十一二岁的少年，项带银圈，手捏一柄钢叉，向一匹猹尽力地刺去。那猹却将身一扭，反从他的胯下逃走了。

（3）引导小结表达方法。在这段优美的文字中，作者用了什么方法来勾画人物形象？

（景色描写烘托了当时的气氛，动词的恰当使用使画面动了起来。）

（四）随文练笔，迁移写法

1.结合对闰土外貌描写的学习，说一说描写人物外貌要注意什么。

2.用几句话描写一位印象深刻的人的外貌，可以用上景色描写或者动作描写，注意突出特点。

（五）总结

（略）

（六）作业布置

1.阅读鲁迅作品《故乡》，并摘录描写闰土外貌的句子。

2.背熟课文第1自然段。

┉┉━ 第二课时 ━┉┉

（一）第二课时教学要点

1.品读"雪地捕鸟""捡贝壳""看跳鱼"三件事。理解含义深刻的句子，体会"我"的思想感情的变化。

2.拓展读写。

（二）第二课时教学过程

（略）

【板书设计】

少年闰土

回忆→相识→相处→相别

健康　天真、活泼　　机智、勇敢

（外貌描写）　　　（语言、动作描写）

《少年闰土》第一课时研学案

【研学导航】

研学目标：

1. 我会学习写7个生字，正确读写"胯下、厨房、刺猬、畜生"等词语。

2. 我能有感情地朗读课文，背诵第1自然段。

3. 我能借助资料理解课文中含义深刻的句子，体会文中"我"的思想感情的变化。

4. 我要抓住对闰土的外貌、语言、动作的描写，体会闰土这个人物的特点，学习作者的写作方法。

【研学重难点】

体会人物的特点，抓住对人物外貌、语言、动作的描写；理解含义深刻的句子。

【学法指导】

自主学习、合作探究、做批注。

【研学路线图】

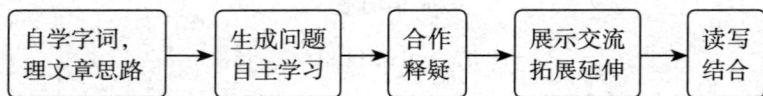

图3-3

【研学过程】

（一）自学字词，理文章思路

1. 我会读课后的生字_____并给生字组词。_____我会写好：_____。

2. 课文先写_____，接着写_____，然后写_____，最后写_____。

3. 闰土和"我"在一起时，给"我"讲了哪些事呢？抓住文中的关键词进行概括。

_____

_____

4. 研学生疑：_____？

（二）自主学习，合作释疑

研学问题：闰土给你留下了怎样的印象？作者是怎样写出人物这些特点的？

（三）学以致用，拓展延伸

猜猜他（她）是谁？

_____

_____

_____

_____

（四）学习小结，评价提高

1. 谈谈本节课的收获和疑惑。

2. 学生评价，组长统计。（见表3–4）

表3–4

评价内容	评价标准（在相应的等级上打√）
能运用查字典、联系上下文等方法学习本课的生字，理解新词	A.优秀　　B.良好　　C.有待努力
能自主探究研学问题和疑难的问题	A.优秀　　B.良好　　C.有待努力
能积极参与讨论交流	A.优秀　　B.良好　　C.有待努力
总评：	

【参考资料】

我冒了严寒，回到相隔二千余里，别了二十余年的故乡去。

时候既然是深冬；渐近故乡时，天气又阴晦了，冷风吹进船舱中，呜呜的响，从篷隙向外一望，苍黄的天底下，远近横着几个萧索的荒村，没有一些活气。我的心禁不住悲凉起来了。

阿！这不是我二十年来时时记得的故乡？

我所记得的故乡全不如此。我的故乡好得多了。但要我记起他的美丽，说出他的佳处来，却又没有影像，没有言辞了。仿佛也就如此。于是我自己解释说：故乡本也如此，——虽然没有进步，也未必有如我所感的悲凉，这只是我自己心情的改变罢了，因为我这次回乡，本没有什么好心绪。

我这次是专为了别他而来的。我们多年聚族而居的老屋，已经公同卖给别姓了，交屋的期限，只在本年，所以必须赶在正月初一以前，永别了熟识的老屋，而且远离了熟识的故乡，搬家到我在谋食的异地去。

第二日清早晨我到了我家的门口了。瓦楞上许多枯草的断茎当风抖着，正在说明这老屋难免易主的原因。几房的本家大约已经搬走了，所以很寂静。我到了自家的房外，我的母亲早已迎着出来了，接着便飞出了八岁的侄儿宏儿。

我的母亲很高兴，但也藏着许多凄凉的神情，教我坐下，歇息，喝茶，且不谈搬家的事。宏儿没有见过我，远远的对面站着只是看。

但我们终于谈到搬家的事。我说外间的寓所已经租定了，又买了几件家具，此外须将家里所有的木器卖去，再去增添。母亲也说好，而且行李也略已齐集，木器不便搬运的，也小半卖去了，只是收不起钱来。

"你休息一两天，去拜望亲戚本家一回，我们便可以走了。"母亲说。

"是的。"

"还有闰土，他每到我家来时，总问起你，很想见你一回面。我已经将你到家的大约日期通知他，他也许就要来了。"

…………

一日是天气很冷的午后，我吃过午饭，坐着喝茶，觉得外面有人进来了，便回头去看。我看时，不由的非常出惊，慌忙站起身，迎着走去。

这来的便是闰土。虽然我一见便知道是闰土，但又不是我这记忆上的闰土了。他身材增加了一倍；先前的紫色的圆脸，已经变作灰黄，而且加上了很深的皱纹；眼睛也像他父亲一样，周围都肿得通红，这我知道，在海边种地的人，终日吹着海风，大抵是这样的。他头上是一顶破毡帽，身上只一件极薄的棉衣，浑身瑟索着；手里提着一个纸包和一支长烟管，那手也不是我所记得的红活圆实的手，却又粗又笨而且开裂，像是松树皮了。

我这时很兴奋，但不知道怎么说才好，只是说：

"阿！闰土哥，——你来了？……"

我接着便有许多话，想要连珠一般涌出：角鸡，跳鱼儿，贝壳，猹，……但又总觉得被什么挡着似的，单在脑里面回旋，吐不出口外去。

他站住了，脸上现出欢喜和凄凉的神情；动着嘴唇，却没有作声。他的态度终于恭敬起来了，分明的叫道：

"老爷！……"

品味语言，习得方法

《彩色的非洲》教学设计

【教材分析】

《彩色的非洲》是人教版五年级下册的最后一课，是一篇略读课文。课文向我们讲述了辽阔的非洲，是一个多彩的世界。作者以饱满的热情，描述了非洲的骄阳蓝天、花草树木、动物世界、人们的日常生活以及艺术风采，从多个方面展示了非洲的自然风光和异域文化，突出表现了作者的真切感受——"非洲真是一个色彩斑斓的世界"，让人读后大开眼界，十分向往。这篇课文在篇章布局、语言表达上的特色十分鲜明。结构上采用了先概述再分述最后又概括总结全文的方法。开头和结尾既首尾照应，呼应课题，又直接抒发了作者对非洲风情文化的赞美之情。学习本文，主要是体会作者的表达方法，理解方面难度不大。

【教学目标】

1. 认识14个生字。读读记记"斑斓、炽热、湛蓝、充沛、硕大、火炬、巨蟒、渗透、聆听、木薯、强悍、粗犷、篝火、繁花似锦、含情脉脉、目不暇接"等词语。

2. 有感情地朗读课文，了解非洲独特的自然景观与风土人情，体会作者对非洲的赞美之情。

3. 领悟文章的表达特点，并尝试运用。

【教学重难点】

教学重点：感受非洲独特风情与文化，欣赏优美的语言，领悟并尝试运用文章的表达方法。

教学难点：运用学习到的表达方法介绍一处美景。

【教学过程】

（一）引入

1. 交流课前搜集的相关资料。

2. 欣赏非洲风情、风光，走进非洲。

3. 指名读课题。重点读好"彩色"一词，读出画面感和愉悦之情。

设计意图：一篇课文，题目是文眼，是学习的切入口，是感情的基调。读好题目，读出韵味，紧扣文眼，既调动学生学习情感，又让学生很容易走入课文，找到重点学习内容。

4. 回顾预习任务单，提问：学习本课，你准备解决什么问题？怎样学习？

设计意图：这是本单元最后一篇课文，是一篇略读课文，应该负起复习巩固阅读方法这一任务，应该让学生用前面学习到的阅读方法进行自主学习。所以，在学习之前，在预习的基础上，让学生找到主要研学的问题并尝试自己解决。

（二）初读课文，整体感知

1. 自学课文：

（1）注意读准字音，读通句子。

（2）"非洲真是一个色彩斑斓的世界"表现在哪些方面？

（3）读课文开头和结尾两个句子，你有什么发现？

2. 检查自学："非洲真是一个色彩斑斓的世界"表现在哪些方面？

3. 课文从骄阳蓝天、植物世界、动物世界、日常生活以及艺术五个方面来体现非洲的彩色。课文中是通过哪些语句把这五个方面连接起来的？这些句子在文中起什么作用？

4. 集体交流。

（三）再读课文，品词句，析文法

1. 读课文，完成研学任务，思考研学问题：

（1）研学任务：你从哪儿感受到非洲的色彩斑斓？把感受最深的语句画下来，进行批注，沉浸式地读一读。

（2）研学问题：这篇文章的结构以及语言表达方法有哪些？

设计意图：这是第二次安排学生自主学习，学生自学后小组讨论交流，这次的自主学习有两个层面：一是理解文本，陶冶情操，感受非洲之色彩美；二是学习表达方法。学习一篇文章，要抓住重点，不能面面俱到。高年级的阅读课文学习，不能停留在理解文章内容上，更重要的是学习作者的写作方法，让学生学习总结写景类文章的表达方法，为习作打下基础。

2. 小组汇报：你从哪儿感受到非洲的色彩斑斓？

生：非洲的骄阳，蓝天的色彩很美。

生：感觉非洲的天空特别蓝，像蓝宝石一样晶莹透明。

师：请读出你看到的这种美。

师：是的，一踏上非洲这片神秘的土地，扑面而来的就是一种原始、粗犷而热烈的气息。请同学们再次朗读这一小节，再次感受这种不同寻常的美丽！

师：你还从哪儿感受到非洲的色彩斑斓？

生：植物世界："还有一种叫作花树的树，更是妙不可言……"

师："妙不可言"是什么意思？花树的"妙不可言"体现在哪里？

师：有感情地朗读，读出花树的"妙不可言"。

（教师点拨：作者抓住了非洲"许多树也开花"这一特点，写出了非洲植物世界的色彩斑斓。）

（1）了解动物世界，品读写蝴蝶的句子。

（此环节同上，但重点关注表达方法。）

师：非洲的动物多种多样，作者为什么这么详细地写蝴蝶？

生：因为在作者眼里，蝴蝶最美。

生：作者无法面面俱到地描述，所以抓住了自己印象最深的蝴蝶来写，详略得当，写出了非洲动物世界的色彩斑斓。

（2）了解非洲的艺术，如绘画、工艺品、音乐、舞蹈。

A.用"我看到了_____，感受到_____"这种句式谈自己的理解。

B.老师指导有感情地朗读句子。

师：这就是非洲舞蹈的魅力，它让人激情洋溢，热情似火。请同学们再读这句话，共同传递这份激情！

设计意图：引导学生读中体会，读中感悟。根据学生的汇报，品读重点文句，体会有意蕴的词句，针对学生学习情况教师做必要的点拨。

3.欣赏完了美景，非洲给我们留下深刻的印象。这篇文章的结构以及语言表达方法有哪些值得我们在平时的写作中学习和借鉴呢？

集体交流。

（四）总结全文

（略）

（五）读写小练笔

彩色的非洲的确让我们流连忘返啊！其实，在我们身边也有让我们赞叹不已的美景，如小河边、公园、院子、奶奶的菜园……请运用学习到的方法，如先总写，后分写，最后再总写这种结构，来介绍一下你熟悉的一处美景。

（六）布置作业

1.摘录体现非洲色彩斑斓的词句。

2.继续完成课堂小练笔。

（七）板书设计

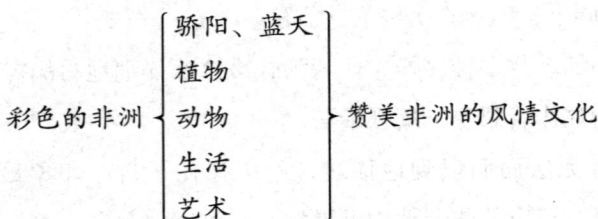

《彩色的非洲》研学案

【研学导航】

非洲的全名叫"阿非利加洲"。非洲大体是一个起伏不大的高原，赤道横贯大陆中部，四分之三的地区年平均气温在20摄氏度以上，几乎全年都是夏天，故被人们称为"热带大陆"。位于非洲北部的撒哈拉沙漠是世界上最大的沙漠。非洲第一大河尼罗河也是世界第一长河，尼罗河流域是孕育世界古代文明的摇篮之一。屹立在肯尼亚和坦桑尼亚交界处的乞力马扎罗山是非洲第一高山，顶峰终年积雪，素有"赤道边上的白雪公主"的雅称。东非大裂谷纵贯非洲东部，是世界最大的断层陷落带。镶嵌在东非高原的维多利亚湖风光绮丽，是世界第二大淡水湖。

非洲拥有丰富的矿产、水力、农业和林业资源。世界上最重要的50多种矿产非洲都不缺少，其中至少有17种矿产的蕴藏量在世界位居第一。被称为"不毛之地"的撒哈拉沙漠是个巨大的能源宝库，地下蕴藏着大量可供开采的石油。南非是世界上最大的黄金生产国和出口国。赞比亚素有"铜矿之国"的美称。非洲盛产可可、咖啡、棉花、小麦、玉米、高粱、小米、木薯和棕榈油等农产品。埃及的长纤维棉花以产量高质量好驰名世界。

研学目标：

1. 我会认14个生字。我会读读记记本课的词语。

2. 我要有感情地朗读课文，了解非洲独特的自然景观与风土人情，体会作者对非洲的赞美之情。

3. 我会领悟文章的表达特点，并学习运用。

【研学重难点】

感受非洲独特风情与文化，欣赏优美的语言，总结并尝试运用总分结构介绍景物特点的表达方法。

【学法指导】

自主学习、合作探究、批注等方法。

【研学路线图】

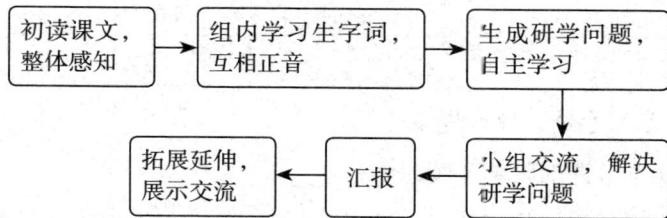

图3-4

【研学过程】

（一）自主学习，研学生疑

初读课文，整体感知：

1. 我能读读记记这些词语：斑斓、炽热、湛蓝、充沛、硕大、火炬、巨蟒、渗透、聆听、木薯、强悍、粗犷、篝火、繁花似锦、含情脉脉、目不暇接。

2. 我会在课文中画出前后照应的句子。

3. 我知道课文的结构是＿＿＿＿＿＿＿＿＿＿＿＿＿＿＿＿＿。

（二）合作交流，研学释疑

1. 研学任务：从哪儿感受到非洲的色彩斑斓？把感受最深的语句画下来，批注感受，然后在小组交流。

2. 研学问题：这篇文章的结构以及语言表达特色有哪些？

（1）_____ （2）_____

（学习提示：自主研学—小组讨论交流—汇报）

3. 学以致用，拓展延伸：彩色的非洲的确让我们流连忘返啊！其实，在我们身边也有让我们赞叹不已的美景，如小河边、公园、院子、奶奶的菜园……运用总分结构的方法来介绍我熟悉的一处美景。

_____

_____

_____

_____

（三）学习小结，评价提高

1. 谈谈本节课的收获和疑惑。

2. 学生评价，组长统计。（见表3–5）

表3–5

评价内容	评价标准（在相应的等级上打√）		
能运用查字典、联系上下文等方法学习生字，理解新词	A.优秀	B.良好	C.有待努力
能自主完成研学任务和研学问题	A.优秀	B.良好	C.有待努力
能积极参与讨论交流	A.优秀	B.良好	C.有待努力
总评：			

读中知艰，品中知险

《七律·长征》教学设计

【教材分析】

《七律·长征》是人教版五年级上册第八单元的课文。本课是毛泽东在红军长征胜利结束时写下的一首诗。毛泽东以高度概括的手法，用几个具有典型意义的高山大河，赞颂了中国工农红军的革命英雄主义和革命乐观主义精神。这是一首七言律诗，全诗共四联，八行，每行七个字。首联是全诗的总领，以下三联则紧扣首联展开。首联对长征做概括描写，颔联、颈联选择长征过程中具有代表意义的几个典型事例进行具体的描写。全诗展开了两条思维线，构造了两个时空域，一个是客观的、现实的："远征难""万水千山""五岭逶迤""乌蒙磅礴""金沙水拍云崖""大渡桥横铁索寒""岷山千里雪"。一个是主观的、心理的："不怕""只等闲""腾细浪""走泥丸""暖""更喜""尽开颜"。这样就构成了强烈的对比反衬，熔铸了全诗浩大的物理空间和壮阔的心理空间，奠定了全诗雄浑博大的基调。全诗56个字，语言精练优美，高度概括了红军长征途中的艰难险阻，有力地表现了红军的大无畏精神和革命乐观主义精神。诗歌运用比喻和夸张手法，形象生动，富有感染力。

【教学目标】

1. 认识3个生字，会写3个生字。能正确读写"远征"等词语。

2. 正确、流利、有感情地朗读课文，背诵课文。

3. 联系与长征相关的资料理解诗意，感受毛泽东及其领导的中国工农红军大无畏的革命精神和英勇豪迈的气概。

4. 找毛泽东的其他诗词和红军长征的故事来读一读。

【教学重难点】

教学重点：让学生通过对诗句的理解，感受毛泽东及其领导的中国工农红军大无畏的革命精神和英勇豪迈的气概。

教学难点：通过拓展资料和引导学生想象画面，理解二、三句诗的意思，体会整首诗所蕴含的思想感情。

【教学过程】

（一）导入、解题

（1）学生介绍关于红军二万五千里长征的资料。

（2）读好课题，理解课题。

（二）初读感知，疏通诗意

1. 提出自学要求：

（1）自由朗读课文，把字音读正确，把诗句读通顺。

（2）想一想这首诗的意思是什么，把不理解的地方圈一圈，和小组的同学交流。

（先自学后小组检查交流。）

2. 指名读诗句，师生一起正音。

3. 共释困惑，理解诗意：

（根据学生汇报情况，点拨难点，先理解字词，再谈诗句的意思。）

（1）引导学生联系生活，借助资料、简笔画、图片等方法理解"等闲""逶迤""磅礴""腾细浪""走泥丸""暖""寒"等。

（2）指名把三、四两句诗的意思连起来说。

（三）聚焦"难"和"闲"，感受长征精神

研学问题：这首诗体现了红军怎样的精神？从哪些词句可以看出来？

方法：默读课文做批注—小组内交流。

1. 小组交流。

2. 汇报，交流，品读，感受红军大无畏的革命精神和英勇豪迈的气概。

（1）读着"五岭逶迤"，想象一下：红军途中会有什么困难？

（2）看着图片，说说桥下是什么，对岸是什么。

（3）读着"千里雪"这个词，你们的眼前仿佛看到了什么？耳边仿佛听到了什么？

（在汇报过程中，相机指导学生有感情地朗读。）

（4）拓展资料，关注几组数字，谈体会。

齐读：五岭逶迤　乌蒙磅礴　金沙水拍　大渡桥横　千里雪山

（5）看湘江战役相关资料，谈感受。

再读：五岭逶迤　乌蒙磅礴　金沙水拍　大渡桥横　千里雪山

（6）通过男女分组对比读，体会红军的"艰难"与"乐观"。

你觉得哪几个字最能让人感到高兴？看着老师的手势读。

（7）齐读体现长征精神的词语。（PPT）

（四）配乐朗诵，升华情感

（略）

【板书设计】

七律·长征 ┤ 远征难　　无畏

　　　　　　　只等闲　　乐观

《七律·长征》研学案

【研学导航】

1. 七律，七言律诗的简称。每首八行，每行七字，分首联、颔联、颈联、尾联。每联偶句末一字押平声韵，首句末字可押可不押，必须一韵到底。句内和句间要讲究平仄，中间两联按常规要对仗。本课是一首七言律诗，全诗共八行，每行七个字，每两行为一句，共四句。

2. 阅读课后关于长征的资料。搜集、阅读关于长征的故事。

【研学目标】

1. 我能认识3个生字，会写3个生字。我能正确读写"远征"等词语。

2. 我能有感情地朗读课文，背诵课文。

3. 我能联系与长征相关的资料理解诗意，感受毛泽东及其领导的中国工农红军大无畏的革命精神和英勇豪迈的气概。

4. 我能找出毛泽东的其他诗词和红军长征的故事来读一读。

【研学重难点】

我能通过对诗句的理解，感受毛泽东及其领导的中国工农红军大无畏的革命精神和英勇豪迈的气概。我能通过联系资料和想象画面理解二、三句诗的意思，体会整首诗所蕴含的思想感情。

【研学方法】

朗读法、自主学习法、合作探究法。

【研学线路图】

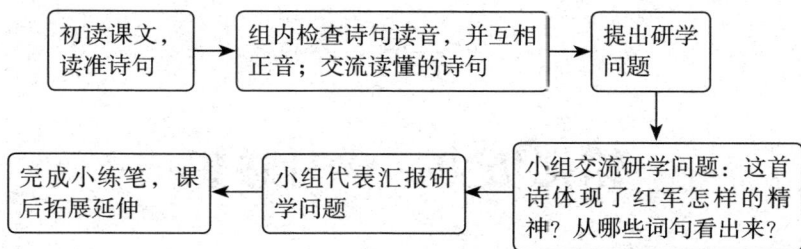

图3-5

【研学过程】

（一）自主学习，研学生疑

1.我能读准、读通诗句，把难读的词句多读几遍。

2.我的疑难是：_____？

（二）合作交流，研学释疑

研学问题：这首诗体现了红军怎样的精神？从哪些词句看出来？

方法：默读课文做批注—小组内交流。

我从_____体会到红军_____。

（三）学以致用，拓展延伸

1.联系我们的生活实际，写一写我们该怎样发扬长征精神。

_____

2.我觉得这首诗写得好的地方是_____，因为_____

_____

（四）学习小结，评价提高

1.谈谈本节课的收获。

2.学生互评，组长统计。

　　　　（☆☆☆）　　　　（☆☆☆）　　　　（☆☆☆）

　　　　　主动交流　　　　认真倾听　　　　积极合作

我获得（　　）星

铭记历史，学写感想

《圆明园的毁灭》第二课时教学设计

【教材分析】

　　《圆明园的毁灭》是人教版五年级上册的第七单元的一篇课文。本单元的主题是"不忘国耻，振兴中华"。本课是第七单元的开篇课文，课文主要写了圆明园辉煌的过去和惨遭侵略者肆意践踏而毁灭的景象，表达了作者对祖国灿烂文化的无限热爱，对侵略者野蛮行径的无比仇恨，告诫人们不忘国耻，增强振兴中华的责任感和使命感。从课文题目看主要是写"毁灭"，可作者用了大量的笔墨写圆明园的辉煌，这样写是为了让读者感到毁灭美丽的东西是多么让人可惜、心痛的事情，激起读者的思想感情。学生通过阅读了解这一屈辱的历史，激发爱国之情，是教学的重点。圆明园的辉煌已成为历史的记载，引导学生读文、感悟、想象，在脑海中再现它昔日辉煌景观是本文教学的一个难点。文章的题目为《圆明园的毁灭》，而大量篇幅却是描绘昔日的辉煌，要让学生体会到作者安排材料的匠心，是教学的又一难点。由于本单元的课文都涉及一些历史事件，所以为更好地学习本单元，要让学生通过搜集、整理资料，借助一些资料了解当时的时代背景，从而更好地理解课文。本单元的习作是学习写读后感，这是学生第一次尝试写读后感，有一定的难度，所以在学习本课的第二课时，为减轻单元习作的困难，为单元习作做铺垫，在本篇阅读教学中，我设计了指导学生初步尝试写读后感这个环节。

【学情分析】

五年级学生有一定的自学能力和阅读技能，所以本节课，我将继续通过让学生自读自悟、合作交流等学习方法来完成学习任务。由于课文所写的内容发生在清政府统治时期，时代背景与学生相距较远，课文内容涉及一些历史事件，要让学生理解有一定的困难，为此，我通过课前让学生搜集资料，课堂适时插入资料等方式让学生理解课文中含义深刻的句子，突破教学难点。学生以前没有写过读后感，所以在写时会有一定的难度，不知道怎么写，为此，我设计了铺路搭桥的环节，让学生初步了解读后感的构架，并尝试写。

【教学目标】

1. 认识6个生字，会写14个生字；能正确读写"估量、玲珑剔透"等15个词语。

2. 有感情地朗读课文，背诵课文第3、4自然段。

3. 理解课文内容，了解圆明园辉煌的过去和毁灭的经过，激发学生热爱祖国文化、仇恨侵略者的情感，增强振兴中华的责任感和使命感。

4. 领悟文章的表达特点。学习运用搜集整理的资料帮助学习的方法，结合资料尝试写读后感，为单元作文做准备。

【教学重难点】

教学重点：

1. 了解圆明园的辉煌和它的毁灭，让学生记住这一国耻，增强振兴中华的责任感。

2. 尝试写读后感，为单元作文做准备。

教学难点：

1. 让学生体会到作者安排材料的匠心。

2.尝试写读后感，为单元作文做准备。

【课时安排】

课时安排：2课时。

【教学过程】

—————— **第一课时** ——————

（略）

—————— **第二课时** ——————

（一）第二课时教学要点

（1）了解圆明园的毁灭，激发热爱祖国文化、仇恨侵略者的情感，增强振兴中华的责任感和使命感。

（2）领悟文章的表达特点。

（3）学习运用资料帮助学习的方法。能结合资料写读后感。

（二）第二课时教学过程

1.回顾上节课内容，引入新课

（略）

2.品读词句，了解圆明园的毁灭

（1）快速浏览课文第5自然段，看看侵略者采用哪些野蛮手段毁灭圆明园，完成研学任务之一：

他们把园内凡是能拿走的东西，**统统**掠走；拿不动的，就用大车或牲口搬运；实在运不走的，就**任意**破坏、毁掉。

① 从画线的词语中体会到什么？

② 教师指导朗读。

③ 教师出示资料。

④ 观看视频。思考：大火连续烧了三天，烧掉的是什么？烧不掉、抹

不去的是什么？

⑤ 假如"你"是清朝时期的皇帝，或官员，或老百姓，面对侵略者的行为，"你"会做什么？

（2）品读第1自然段，完成研学任务之二：

圆明园的毁灭是<u>祖国文化史上不可估量的损失</u>，也是<u>世界文化史上不可估量的损失</u>！

① 从这句话中，"你"体会到什么？

② 文中连用两个"不可估量"说明什么呢？

③ 教师指导朗读，注意感叹号。

（3）再回读课文。

3. 探讨研学问题，感悟写作方法

从课文题目看本文是写圆明园的毁灭，可作者用了大量的笔墨写圆明园的辉煌，为什么？（自主学习—小组交流—汇报）

4. 阅读拓展资料，写读后感

（1）阅读拓展资料：

材料之一：《圆明园的奇珍异宝》。

材料之二：关于拍卖圆明园文物的新闻报道。

（2）指导写读后感，为单元习作做铺垫：

① 如果让"你"结合自己所收集整理的资料和课文内容，写一写读后感，"你"认为应该怎样写？

② 教师指导写读后感的方法。（看课件演示图，教师讲解。）

写好读后感的秘诀：

a. 确定题目。题目分大标题和副标题。

b. 先写所读文章的题目和文章的主要内容（要概括文章主要内容）。（看课件中的例子。）

c. 再写自己的感受，写感受的时候要分层次，当我们的想法和感受有很多时，分几点来写，容易写清楚；在写感受和想法的同时，要联系自己的生活或者相关的材料举例，进一步说明自己的想法。

（看课件中的例子。）

d. 最后对自己的观点做个总结，这就是一篇完整的读后感。

（3）尝试练写读后感。尝试运用所搜集整理的资料写阅读本文的读后感。

5. 谈收获，总结全文

（略）

【板书设计】

圆明园的毁灭

勿忘国耻　　振兴中华

（详略得当、衬托）

《圆明园的毁灭》第二课时研学案

【研学导航】

研学目标：

1. 我能有感情地朗读课文。

2. 我会想办法抓住关键词句理解课文内容，了解圆明园毁灭的经过。我要热爱祖国的文化、仇恨侵略者，为振兴中华而努力读书。

3. 我会就文章的表达特点去质疑、解疑。

4. 我要学习搜索、整理、运用资料的方法。

【研学重难点】

1. 我会了解圆明园的辉煌和毁灭，记住这一国耻，为振兴中华而努力。

2.我会尝试写读后感，为单元作文做准备。

【学法指导】

自主学习、合作探究、做批注。

【研学路线图】

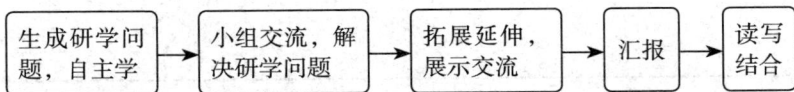

生成研学问题，自主学 → 小组交流，解决研学问题 → 拓展延伸，展示交流 → 汇报 → 读写结合

图3-6

【研学过程】

（一）自主学习，研学生疑

研学生疑：_____?

（二）合作交流，研学释疑

研学任务：完成教材的课后第2小题。

从第一小题加点的词语中，我体会到_____。

从第二小题加点的词语中，我体会到_____。

研学问题：从课文题目看本文是写圆明园的毁灭，可作者用了大量的笔墨写圆明园的辉煌，为什么？（思考后小组交流。）

（三）学以致用，拓展延伸

运用自己收集、整理的资料，写一写读本篇课文的感受。

_____

_____

（四）学习小结，评价提高

1.谈谈本节课的收获和疑惑。

2.学生评价，组长统计。（见表3-6）

表3-6

评价内容	评价标准（在相应的等级上打√）		
能运用查字典、联系上下文等方法学习本课的生字，理解新词	A.优秀	B.良好	C.有待努力
能自主探究研学问题和疑难的问题	A.优秀	B.良好	C.有待努力
能积极参与讨论交流	A.优秀	B.良好	C.有待努力
总评：			

【参考资料】

圆明园是清代封建帝王在150余年间所建造的一座大型皇家宫苑，总面积5200多亩。

圆明园中几百座宫殿楼阁，其内部的装修极其豪华富丽。我国的玉雕历史悠久，有些玉器十分珍贵，如战国时的和氏璧，以及许多价值连城的玉器，都收藏在圆明园中。我国的象牙雕刻在宋元时代出现了刻制象牙套球的绝技，即在整块象牙中雕出层层叠合，而每一层都可以自由转动的镂花套球，被称为"鬼工球"。到明清时代，牙雕品种繁多，小至雕扇、笔筒，大至花卉盆景、山水人物、大型龙舟、挂屏围屏，无所不有。这些艺术品中最精美、水平最高的都集中在圆明园里。此外，各种古铜器、漆器、金银器、黄杨本雕刻、翡翠、玛瑙、珍珠、宝石、小水晶、大象牙、犀角，各式各样的镶着宝石的金表，摆满了每一座宫殿。圆明园中的西洋楼更是别具一格，西洋楼的设计与监工之一的法国人王致城说："清朝皇帝从西方收集到这么多珍奇美丽的东西，简直使人不敢相信。"里面的陈设品，有巨大的赤金澡盆和西洋式金床，有一块一尺五见方的水晶，里边嵌有天然华美的动物。另外还有雕刻名师的杰作——在象牙和琉璃制成的一个极小的圆镜上，刻有五千多字的诗赋和故事的透雕。乾隆皇帝喜欢书画，他用了几十年的时间，不断搜求，使我国历代名家书法、绘画的精华都汇集在皇家手里。比如：南宋画家马和之画的《国风图》真品，唐代画家韩滉的《五牛图》真品等。圆明园许多殿堂里存放着许多书籍，不少是孤本秘籍，再加上园中文源阁、万源阁这两座皇家图书馆的藏书，圆明园藏书之多可以想见。

镜头之一：英国陆军军官赫利斯，第一次进入圆明园，抢到一个缕花花盆。这个花盆，在金缕中镶嵌着用白珊瑚琢成的文字。花盆里栽着一棵黄金树，高约一尺，树上挂满了用红玉石做果核的蓝宝石果子，碧莹莹，黄灿灿，光彩夺目。另外他还抢到一颗皇帝的玉玺、一只镶嵌着许多宝石的大表和许多匹上等质量的绸缎，总共装了七筐，叫人替他抬回军营。他第二次进园，抢到一座七尺高的黄金塔。这样的黄金塔只有三座，另一座被法军抢去，还有一座现存北京故宫博物院珍宝馆，仅这一座，当时就值二万二千多英镑。就是这个赫利斯，返回英国后，因为他拥有大批从圆明园抢得的古玩珍宝而发了大财，享用终身。

镜头之二：军官们有抢劫的优先权，士兵们也不甘落后，他们纷纷闯进圆明园，有的抢到镶满了钻石的笔盒；有的抢到无数金表，把其中最好的据为己有，他们的"战利品"装满了所有的口袋；口袋装不下了他们就把红宝石、蓝宝石、珍珠、水晶放进自己的衬衫里，有的甚至挂在脖子上。士兵们则拿来大斧把家具劈碎，然后取下镶在上面的宝石。有一个人打碎了路易十五世的挂钟，取出钟面，因为他以为钟面上的数字是钻石做的，但实际是水晶的。还有一个士兵发现了一个地窖，里边两个箱子装满了镶着珍珠和钻石的钟表，他迅速拿出行军袋，在伙伴们没来到之前，把这些财宝统统塞进袋子里。后来，仅这一只袋子他就卖了两万五千法郎。

镜头之三：侵略者一脚踢开殿堂的门，闯进去，他们推翻了紫檀雕刻的桌子，抽屉里珍贵的手抄孤本书被倾倒出来，在他们眼里，这些东西不过是一堆废纸，有人随手撕来燃火点烟。一个士兵看见墙上的古画里，一位老人正凝视着他，认为是一种挑衅，马上用刺刀戳破了古画。他们手持木棒，遇到极其珍贵又带不走的东西，就用木棒击毁。一些上等皮货、绸缎衣服，被他们从箱子里拉出来，任意践踏。许多呢绒毡毯，被拿去当了马匹的暖席。被他们肆意毁坏的精美珍贵瓷器、景泰蓝、古铜器、名家书法绘画、孤本秘籍、象牙雕刻、珊瑚屏风等物品不计其数。

镜头之四：法国侵略军刚开到北京城外的时候，仅司令孟托邦有一辆车，载着帐篷和军用箱。而当他们撤离圆明园时，竟然出现了大批满载"行李"的车辆，单是这支车队，从头到尾走过去，要用上一个多小时。英国侵略军的"行李"车队也长得出奇，排列起来足有四华里。这些东西都是从圆明园抢劫的，多少国宝就这样被侵略者夺走了。侵略中国战争结束后，法皇拿破仑三世得到了一大批中国珍贵文物。他在巴黎附近的枫丹白露行宫建了一个中国馆，收藏这批掠夺品。1973年，我国出土文物展览代表团到法国时，曾参观该馆展出的320件从圆明园抢劫的珍贵文物。

清室史料表明，圆明园内当时仅陈列和库存的欧洲各式大小钟表即达441件，劫后幸存的只有一件大钟。现在英国伦敦大英博物馆还收藏着大量的圆明园文物，这简直是中华民族的奇耻大辱。《圆明园四十景图》被法国侵略者掠走，献给了法国拿破仑三世。20世纪20年代后期，程演生漫游欧陆时，在法国巴黎国家图书馆偶然见到了这套《圆明园四十景图》，经他多方活动终于请得馆主许可，"用摄影术全部仿实而归"，后由中华书局用玻璃印刷成《圆明园四十叶》。1928年公开向全国发行，但图为黑白。

英法侵略军抢走和破坏的物件，有很大一部分实属无价之宝。这摧残人类文化的滔天大罪，实在令人发指！

品词析句，感悟启示

《钓鱼的启示》教学设计

【教材分析】

《钓鱼的启示》是人教版五年级上册第四单元的课文。它是一篇论理型的文章，通过回忆"我"11岁时随父亲去钓鲈鱼的事，说明诚实守信、遵纪守法是人面对种种诱惑时应该把握的道德准则。全文共11个自然段，按内容可分为两部分，先叙事，后议论，以平实的语言生动描述了孩子的情感变化过程。平凡的故事，深刻的道理，发人深思。

【教学目标】

1. 正确认读11个生字，会写14个生字，能正确读写"捕捞、鱼饵"等词语。正确抄写描写月夜美丽景色的句子和课文的重点句。

2. 能准确而简练地概括文章的主要内容，正确、流利、有感情地朗读课文。

3. 理解父亲没有商量余地地要"我"将鲈鱼放回湖中的理由，领悟作者从钓鱼这件事中得到的启示，懂得从小接受严格教育的重要，并从中获得道德实践的勇气和力量，提高抵制"鱼"的诱惑的能力。

4. 感悟作者将"心情变化"融入故事情节的写作手法。

【教学重难点】

联系上下文与生活实际领悟作者从钓鱼这件事中得到的启示。

【教学过程】

■■ 第一课时 ■■

（一）明确本单元学习重点

（略）

（二）导入新课

1. 板书课题。

2. 理解"启示"。

（三）初读课文，整体感知

1. 自由读课文，要求：

（1）读准字音，读通课文。

（2）完成研学案（一）中1～3题。

2. 检查生字词的学习：

（1）随文识字。（理解个别重点词语的意思。）

（2）教师指导书写。

3. 概括课文主要内容：

（1）梳理结构，渗透方法。

（2）学生尝试。

（3）同桌互说。

4. 构建冲突。

（四）精读理解，体会写法

1. 自读自悟。读课文1～9自然段，思考：为什么"我"不愿意把鱼放回去？把相关的句子画下来。在钓鱼放鱼过程中，"我"的心情发生了怎样的变化？

2. 小组交流。

3. 集体交流，重点指导，品读写作者不愿意放鱼的原因的句子，了解作者心情的变化。

（此环节，根据学生回馈情况，教师相机点拨、评价和品读关键句子。）

品读句1：啊，好大的鱼！我从来没有见过这么大的鲈鱼……轻轻地翕动着。

（抓关键词语，指导朗读，体会作者的心情。）

品读句2：我抬头看了一下四周……我再次把乞求的目光投向了父亲。

（1）指名读句子。

（2）体会作者的心情。

创设情境，想象写话："我"再次把乞求的目光投向了父亲，"我"想对父亲说什么？

4. 朗读对话。（师生合作朗读父子对话，感受作者的急切与难过。）

5. 小结作者的表达方法。

（五）总结课堂学习

（略）

------ 第二课时 ------

（一）复习引入

（略）

（二）抓关键词，体会父亲艰难的抉择

1. 默读课文，要求：

（1）思考：父亲为什么坚持要"我"放鱼？

（2）联系上下文和生活实际理解父亲告诫"我"的话。

（3）联系生活理解课文第10自然段中提到的"鱼"指的是什么。

2. 小组交流，师巡视，了解学情。

3.学生汇报,教师相机点拨理解中的难点:

(1)父亲为什么坚持要"我"放鱼?

(2)补充资料,结合资料谈理由。(关于休渔期的资料。)

(3)体会父亲的抉择之难。

①从父亲"盯着""好一会儿"你看出了什么?

②朗读对话,感受父亲的平静。

(抓住课文第4自然段父亲的动作和语言,想象父亲当时的心理活动,体会父亲抉择之难,真正理解父爱。)

(三)适时点拨,感悟"启示"

1.理解父亲告诫"我"的话。

(根据学生学情,相机点拨,引导学生联系上下文和生活实际理解。)

2.读父亲的话。

3.学生谈自己的理解。

(1)钓鱼这件事中的道德问题是什么?(留下鱼还是放掉鱼?)

(2)为什么实践起来很难?(联系第4自然段。)

(3)谈生活中遇到的道德问题。(举例说明。)

4.理解文中"鱼"的含义。

(1)出示句子。

(2)句中后一个"鱼"为什么加上了引号?成年后让他心动的会是什么?

5.谈作者得到的启示。

6.分享名言。

"衡量一个人真正的品德,是看他在知道别人没有人发觉的时候做些什么。"

——孟德斯鸠

7. 小练笔:课文哪些语句对你有启示?你由此想到了什么?写下来和大家交流。

（四）总结、延伸

通过这一课的学习，你学习到什么？

（五）作业布置

正确抄写描写月夜美丽景色的句子和课文的重点句。

【板书设计】

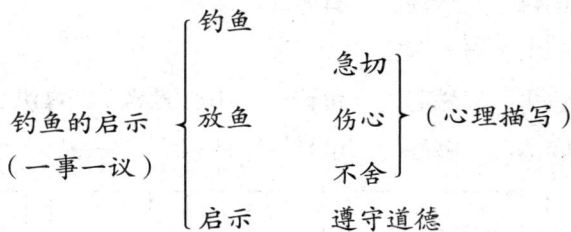

《钓鱼的启示》研学案

【研学导航】

研学目标：

1. 正确认读11个生字，会写14个生字，能正确读写"捕捞、鱼饵"等词语。正确抄写描写月夜美丽景色的句子和课文的重点句。

2. 品读文中重点语句，理解作者不愿意把鱼放回湖里的原因，体会作者心情的变化，并能概括作者心情变化的过程。

【研学重难点】

1. 品读文中重点语句，理解作者不愿意把鱼放回湖里的原因，体会作者心情的变化，并能概括作者心情变化的过程。

2. 联系上下文与生活实际理解含义深刻的句子，领悟作者从钓鱼这件事中得到的启示。

【研学过程】

（一）研学铺垫：检查预习，整体感知

1.同桌检查，纠正读音，难读的圈起来多读几遍。

鲈鱼　　鱼饵　　操纵　　鱼鳃　　翕动　　皎洁

嘴唇　　沮丧　　抉择　　告诫　　实践

2.把难写的生字写一遍。

捕捞　　鱼饵　　溅起　　鱼钩　　小心翼翼　　操纵　　啪啪

鱼鳃　　皎洁　　嘴唇　　沮丧　　诱惑　　告诫　　实践

3. 我能理解词语。（方法提示：可借工具书、找反义词、联系上下文等）

告诫：_____

翕动：_____

抉择：_____

4. 想想课文主要讲了一件什么事。

（方法提示：时间，地点，人物，事情的起因、经过和结果）

（二）研学问题：研读课文，受到启示

1.小组合作，探究"我"舍不得放鱼的原因。（第一课时）

要求：默读课文第3～9自然段，思考：为什么"我"舍不得把鱼放回湖里去？

画出句子，找到原因，并在旁边作简单的批注。

原因一：_____。

原因二：_____。

原因三：_____。

2. 小组合作探究父亲坚持要"我"放鱼的理由，领悟受到的启发。
（第二课时）

要求：朗读课文，思考：为什么父亲坚持要"我"放鱼？画出句子，组内交流想法。

【 研学拓展 】

1.小练笔：课文中哪些语句对你有启示？使你想到什么？

_____

_____

2.查找课外书籍，选一两个故事读一读，说说得到的启示。

【 研学评价 】

收获　　交流　　书写　　倾听　　合作

_____

_____

读中学写，以写促读

《新型玻璃》教学设计

【教材分析】

《新型玻璃》是人教版五年级上册第三单元的一篇精读课文。这篇课文紧紧扣住一个"新"字，分别介绍了夹丝网防盗玻璃、夹丝玻璃、变色玻璃、吸热玻璃、吃音玻璃五种新型玻璃的特点和它们在现代生活中的广泛应用。全文一共6个自然段。课文前5个自然段结构基本相同，条理清楚，层次分明，用词准确，表达生动形象，是这篇课文在表达上的重要特点，是学习写作的范例。选编这篇课文的目的，一是继续引导学生了解说明文的表达方法，学习作者准确地用词、形象地表达；二是让学生通过了解5种新型玻璃的特点和用途，了解迅速发展的科学技术成就及其在现代化建设中的作用，激发学生勤奋学习的自觉性。

【教学目标】

1. 认识5个生字，会写8个生字。正确读写"急促、报警、盗窃、嫌疑、即使、保持、噪声、研制、奇迹、安然无恙、藕断丝连"等词语。

2. 正确、流利、有感情地朗读课文，理解课文内容，知道课文介绍的5种新型玻璃的特点和用途。

3. 了解迅速发展的当代科技及其在现代化建设中的作用，激发学生爱科学、学科学的积极性。

4.领悟作者的表达方法，并学习运用。

【教学重难点】

1.了解新型玻璃的特点及作用。

2.领悟作者的表达方法，学习运用作者的表达方法。

【课时安排】

课时安排：2课时。

【教学准备】

课件。

【教学过程】

————— 第一课时 —————

（一）导入

1.谈话导入。

2.书写课题，解题。"新型"是什么意思？

（二）初读课文，整体感知

1.自由读课文，提出要求：

（1）读准生字新词，读通课文。

（2）同桌互相检查纠正生字词的读音。

（3）思考：课文主要讲了什么？

2.检查自学：

（1）指名读生字词，纠正错误的读音。

注意新出现的多音字："粘在一起"的"粘"字应读"zhān"。

（2）联系生活实际或课文内容理解个别词语。

（3）指名讲课文主要内容。

3.讨论：学习本课主要解决什么问题？

4.生成研学问题：

（1）新型玻璃的特点和作用有哪些？

（2）作者在介绍新型玻璃时的表达方法有什么特点？

（三）研读课文，自主、合作释疑

默读课文，概括出每一种新型玻璃的特点和作用（批注）。小组合作设计一个表格，把它们的特点和作用填在表格里。

（四）小结

（略）

━━■ **第二课时** ■━━

（一）第二课时教学要点

1.理解新型玻璃的特点和作用。

2.领悟作者的表达方法，并学习运用。

（二）第二课时教学过程

1.引入。

（略）

2.理解新型玻璃的特点和作用。

（1）小组汇报所填表格。

根据学生汇报情况，教师根据存在的问题进行教学。

（2）组内做小推销员，推销新型玻璃。

3.研读课文，感悟写法。

作者在介绍新型玻璃时的表达方法有什么特点？（边默读边作批注。）

自主学习—小组交流。

（1）汇报作者运用的说明方法。侧重品读以下句子：

句一：它非常坚硬，受到猛击仍安然无恙，即使被打碎了，碎片仍然藕断丝连地粘在一起，不会伤人。

① 读好句子。

② 出示修改后的句子，通过比较句子，体会作者遣词造句的形象生动。

句二：变色玻璃还会随着阳光的强弱而改变颜色的深浅，调节室内的光线，所以人们又把这种玻璃叫作"自动窗帘"。

① 读好句子。

② 引导学生从"自动窗帘"这个名称感受语言的妙趣。

（2）汇报文章、段落的结构特点，感悟作者的谋篇布局：

① 这篇文章的结构是什么？课文前5个自然段在结构上有什么共同特点？

② 每段开头一句话的作用是什么？

③ 课文第2自然段和第3自然段能否交换位置？为什么？

4. 拓展运用。

学习作者介绍新型玻璃的写作方法，将你准备发明的新型玻璃也写一段话加以介绍，插入到课文中去，使它和原文顺接。

5. 总结。

（略）

【板书设计】

$$\text{新型玻璃（五种）} \left\{ \begin{array}{c} \text{特点} \\ \\ \text{作用} \end{array} \right\} \text{创造奇迹}$$

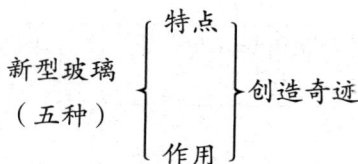

（运用了打比方、举例子、列数字等说明方法。）

《新型玻璃》研学案

【研学导航】

研学目标：

1. 我会认本课的5个生字，会写8个生字，能正确读写本课"读读写写"中的22个词语。

2. 我会正确、流利、有感情地朗读课文，能通过联系上下文、借助工具书等方法理解课文内容，了解课文介绍的5种新型玻璃的特点和用途。

3. 我会总结作者的表达方法，并学习运用。

4. 我会去查找关于玻璃的发展及其在现代化建设中的作用的资料。

【研学重难点】

了解新型玻璃的特点及作用。领悟作者的表达方法，学习运用作者的表达方法。

【学法指导】

自主学习、合作探究、做批注。

【研学路线图】

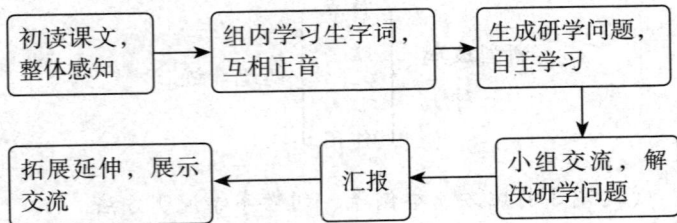

图3-7

【研学过程】

（一）自主学习，研学生疑

1. 初读课文，整体感知：

（1）我能读准教材第52页"读读写写"中的22个词语。

（2）我会写比较难写的字：＿＿＿＿＿＿＿＿。

（3）课文主要介绍了＿＿＿＿＿＿＿＿＿＿＿＿＿＿＿＿＿＿＿＿＿。

2. 研学生疑：＿＿＿＿＿＿＿＿＿＿＿＿＿＿＿＿＿＿＿＿？

（二）合作交流，研学释疑

研学任务：默读课文，概括出每一种新型玻璃的特点和作用（批注）。小组合作设计一个表格，把它们的特点和作用填在表格里。

（学习提示：自主研学—小组讨论交流—汇报）

研学问题：作者在介绍新型玻璃时的表达方法有什么特点？边默读边批注。

（自主学习—小组交流）

1. 作者运用了＿＿＿＿＿＿＿＿＿＿＿＿＿＿＿＿说明方法。

2. 这篇文章是＿＿＿＿＿＿＿＿＿＿的结构。前5个自然段在结构上的共同特点是＿＿＿＿＿＿＿＿＿＿＿＿＿＿＿＿＿＿＿＿。

3. 课文每段的开头有什么作用？

（三）学以致用，拓展延伸

学习作者介绍新型玻璃的写作方法，将你准备发明的新型玻璃也写一段话加以介绍，插入到课文中去，使它和原文有机整合。

＿＿＿＿＿＿＿＿＿＿＿＿＿＿＿＿＿＿＿＿＿＿＿＿＿＿＿＿

＿＿＿＿＿＿＿＿＿＿＿＿＿＿＿＿＿＿＿＿＿＿＿＿＿＿＿＿

＿＿＿＿＿＿＿＿＿＿＿＿＿＿＿＿＿＿＿＿＿＿＿＿＿＿＿＿

＿＿＿＿＿＿＿＿＿＿＿＿＿＿＿＿＿＿＿＿＿＿＿＿＿＿＿＿

（四）学习小结，评价提高

1.谈谈本节课的收获和疑惑。

2.学生评价，组长统计。（见表3-7）

表3-7

评价内容	评价标准（在相应的等级上打√）
能运用查字典、联系上下文等方法学习生字，理解新词	A.优秀　　B.良好　　C.有待努力
能自主探究研学问题和疑难的问题	A.优秀　　B.良好　　C.有待努力
能积极参与交流	A.优秀　　B.良好　　C.有待努力
总评：	

积累素材，丰富想象

《未来的……》作文教学设计

【教材分析】

"未来的……"是人教版第六册第六单元的习作，要求写一篇想象作文，但本单元的三篇阅读课文是科普介绍类的文章：《太阳》是一篇科普短文；《月球之谜》是一篇介绍月球知识的文章；《我家跨上了"信息高速路"》描写了"我"的一次上网经历，让读者从中了解网络的特点和作用。我认为教材这样的编排有些局限，这几篇阅读课文与单元的作文内容联系不够紧密。因为课文就是写作范例，学习课文，最重要的一项内容就是学习作者的写作方法，这也体现了语文的工具性。从知识的建构来说，这几篇课文的学习，没有给学生在丰富想象、发散思维、培养创新意识方面做好切实的铺垫，所以学生在完成本单元的习作时有一定的难度。

【设计理念】

课前，为了减轻习作难度，激发学生创新愿望，拓宽学生视野，丰富想象，积累写作素材，我作了充分准备：一是为学生提供几篇与习作内容相关的不同类型的想象文阅读；二是让学生围绕"生活中物品给自己或家人带来哪些不方便之处，你想怎样改造这些缺点，让它更先进，更利于人们的生活"这个主题，让学生在平时的生活中留意观察身边事物，因为创造发明的欲望总是在生活中遇到问题时萌发；三是让学生了解几千年前人们的生活与梦想，并与现代的科学技术发展和人们的生活作比较，培养学生热爱生活、热爱科学的思想感情。

课中，为了激发兴趣，启发想象，我创设了一个情境，设计"坐上时光穿梭机"来到未来世界（播放多媒体课件）和"未来城市市长给三（1）班同学的一封信"的环节，再巧妙地提出习作要求，同时激发学生的习作兴趣。

【教学目标】

1. 激发想象，启发学生大胆地想象，培养学生的创新思维能力。

2. 引导学生把想象的内容具体、清楚地表达出来。

3. 唤起学生对未来的憧憬和向往，培养学生热爱生活、热爱科学的思想感情。

4. 培养学生收集、积累有用的材料和观察思考生活的能力。

【教学重难点】

启迪学生展开大胆、新奇有趣的想象，把想象内容写具体、清楚。

【教学过程】

（一）学生介绍收集的资料

1. 古人幻想人具有飞天、千里眼、顺风耳奇异功能，现在实现了吗？哪些方面能体现出来？

2. 学生介绍搜集的现代科学技术发展情况资料。

（多媒体展示：可视电话、宇航员遨游太空的场面、机器人做事……把几千年前人们的生活与梦想与现代的人们生活比较。）

3. 实现古人的梦想，给人们的生活带来方便，你有什么感受？

（二）创设情境，激发想象

这几天，有几个同学总是问我50年后、100年后的城市是什么样子的？我告诉他，未来的城市真是太迷人了！科学技术高速发展，人类许多幻想已成为现实。大家想到未来世界去走一走吗？今天老师就满足你们这个愿望，准备好了，闭上眼睛，我们一起坐上时光穿梭机，出发了……2007年……2010年……2070年。（播放多媒体课件）咦！一封来自未来城市市长的信，看看，这是谁写的？

（三）读未来城市市长的信，明确要求

1. 读市长的信

未来城市市长给三（1）班同学的一封信

亲爱的三（1）班的同学：

你们好！我是未来城市市长。

欢迎你们来未来城市做客，我们未来城市是一个美好的城市，我们的科学技术取得了很多新成果。如果你来我们这里做客，家里的机器人会招待你，你想要吃水果、喝饮料，他都会帮你哟！我们有自动调温的被子，冬天你不会感到冷，夏天你不会感到热，一年四季很舒服的。你想来未来城市参观吗？那你要完成任务才能得到门票：请选择自己最感兴趣的一样东西，写一写你的奇思妙想，可以是自动调节温度的衣服，可以是让人行走如飞的鞋，可以是推着走的房子，人站在上面想到哪儿就到哪儿的人行道……它们是什么样子的呢？

同学们，为了这张参观门票，赶快加油吧！

未来城市市长

2070年4月

2. 明确写作范围

信上要求我们写什么？除了这些还可以写什么？

板书：写未来的（吃的、穿的、用的、玩的……）

3.明确写作要求

板书：奇思妙想　　　语句通顺

（四）构思和交流

1.让学生静静地思考：你想写什么？

（1）几十年后，你已经成了一位某方面设计制造专家，你设计、制造出什么样的新产品？它是什么样的？

（2）"开火车"讲自己的题目。

2.你打算怎样写？让学生静静地思考5分钟。

导语：愿大家展开想象的翅膀，畅想未来……

3.教师指名让学生介绍自己的发明。教师提问它有哪些功能。

（引导学生说清楚自己设计制造的物品的颜色、形状、大小、装置……学生一边说，教师一边板书。）

（五）小组内交流

让学生先将自己的奇思妙想讲给小组的同学听。小组同学从以下几个方面展开评议：想象是否新奇而有趣？说得是否清楚？你认为可以怎样改进？仔细去倾听，发表自己的意见并提出问题，帮助每一个同学对想象的内容进行完善。

（六）写自己的奇思妙想

（1）你打算怎么开头？接着怎样？（教师指名讲。）

（2）为了这张参观通行证，把自己的奇思妙想或受到别人启发而联想的内容写下来！

（教师巡视，给个别有困难的学生提供帮助。）

（七）讲评有代表性的作文

师生共同修改习作：主要关注"奇思妙想"和"写清楚"两方面，找到切入点发散学生思维。

（这个环节，教师要充分发挥引导、点拨的作用。通过集体交流评析，抓住时机和最佳切入点发散学生的思维，适时启发学生运用收集的科技方面的资料，紧紧扣住富有创造、新奇而有趣、内容具体这些习作要求交流。比如：把内容写具体方面，学生写未来的汽车、房子、书包等，启发学生从形状、材料、外观、内部设施、功能等方面来写。在讨论、补充环节中开拓思路。）

【板书设计】

写未来的（吃的、穿的、用的、玩的……）

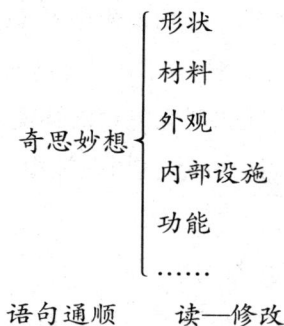

奇思妙想
- 形状
- 材料
- 外观
- 内部设施
- 功能
- ……

语句通顺　　读—修改

【教学总结】

（一）周密计划，积累写作素材

"凡事预则立，不预则废"，为丰富学生的想象，积累习作素材，我做了三方面的准备：一是为学生提供多篇与习作内容相关的不同类型的想象文阅读；二是让学生了解并思考"生活中物品给自己或家人带来哪些不方便之处？想怎样改造这些缺点，让它更先进，更利于我们的生活？"让学生留意观察身边事物，并作好记录，因为创造发明的欲望总是在生活中遇到问题时萌发；三是和学生一起收集先进的科技方面的资料，了解几千年前人们的生活与梦想。学生在准备过程中，不但积累了大量的生活方面的素材，而且对现代前沿的科学技术有所了解，所以课堂上，他们视野开阔，想象丰富，创新思维活跃。由于我在上课一周之前，对教材及学情进行了充分分析，引导学生为习作进行一系列的铺垫，所以本次习作，学生轻松完成，质量比较高。

（二）古今对比，激起创新欲望

课堂开始通过多媒体展示可视电话、宇航员遨游太空的场面、机器人服务社会的情况，把几千年前人们的生活和梦想与现代的人们生活比较，让学生再次感受现代高科技简直不可思议，发出只要敢想，没有做不到的感叹，激起学生创新欲望，同时培养学生热爱生活、热爱科学的思想感情。

（三）创设情境，激发写作兴趣

我设计坐上"时光穿梭机"来到未来世界（播放多媒体课件）和"未来城市市长给三（1）班同学的一封信"这些环节。一边播放多媒体课件，一边用语言描述，创设飞入时光隧道的情境，学生进入情境，仿佛来到神秘的未来世界。再通过一封信，巧妙地提出习作要求，激发写作兴趣，学生们个个跃跃欲试。

（四）互相启发，丰富想象

让学生先将自己的奇思妙想讲给小组的同学听。小组同学从以下几个方面展开评议：想象是否新奇而有趣？内容是否具体？你认为可以怎样改进？仔细去倾听，发表自己的意见或提出问题，帮助每一个同学对想象的内容进行完善。这个环节非常关键，在交流时，提出要求，让小组成员明白自己的任务，让学生在讨论中，互相受到启发，充分发挥想象。教师巡视时，对出现的问题做到心中有数。

（五）相机点拨，发散思维

在关键的环节，我抓住时机和最佳切入点发散学生的思维，引导学生张开想象的翅膀，自由翱翔。课堂上学生的交流也自始至终紧紧扣住富有创造、新奇而有趣、内容具体这些习作要求交流。在学生讲到"未来的汽车，会有自动避免发生交通事故装置，当驾驶人员疲劳或遇到危险将有车辆相撞，发生车祸前，装置就会发挥它的作用"时，我相机追问："这个装置是怎样的？假如出现……问题，装置又会怎样？"等等。通过集体交流、评析，完成教学目标。

抓准诗眼，感悟诗境

《望洞庭》教学设计

【教材分析】

《望洞庭》是人教版小学语文第八册第一课《古诗词三首》中的第二首诗。这篇课文是描写秋夜景色的七言古诗。《望洞庭》是唐代诗人刘禹锡在被贬为朗州司马后，赴任的途中经过洞庭湖时所作。这首诗选择了月夜遥望的角度，通过丰富的想象和形象的比喻，描绘了一幅宁静优美的洞庭月夜图，重在表现洞庭湖的柔和秀美。古诗先写"秋月"与"湖光"相映照，月光如水洒在湖面上，水平如镜，静静的月，静静的湖，两相辉映，构成了一幅沉静、和谐、秀美的景色。"潭面无风镜未磨"贴切地表现了千里洞庭风平浪静的安宁温柔的景象，在月光下别具一种朦胧美。古代没有玻璃，镜子是用青铜铸的，磨光以后才能照人。未磨的镜面，朦朦胧胧，用来形容月夜湖光，真是恰到好处，用生动形象的比喻补足了"湖光秋月两相和"的诗意。放眼远望，皓月银辉之下，洞庭山愈显青翠，洞庭水愈显清澈，山水浑然一体，望去如同一只雕镂剔透的银盘里放了一颗小巧玲珑的青螺，如精美绝伦的工艺珍品，生动形象。全诗纯然写景，既有细致的描写，又有生动的比喻，诗人极富想象力的描写，将洞庭的湖光山色别出心裁地再现于纸上。

【设计理念】

古人云："诗中有画，画中有诗。"古诗语言凝练，描绘的意象所构成的意境美，能使学生受到美的熏陶。古诗的教学不能只是让学生理解诗意，忽视对意境的感悟。对于学生来说，"诗境"难以感悟，这也是我们古诗教学的难点。

《望洞庭》这首诗总体给人空灵、缥缈、温柔、宁静、和谐的感受，特别是诗中形象的比喻，形色和谐。根据这首诗的特点，本节课我力图引导学生走进文本，通过丰富想象，感受水天一色物象的画面美，从而感悟空灵、缥缈的意境美。为了突破难点，我在设计时将整首诗紧扣"和"来教学，首先从"色调"方面来引导学生想象水天一色的画面美，感悟"和"。其次抓形象的比喻，从形色两方面引导学生想象洞庭山水工艺品般的画面美，进一步品味"和"。在学习后两句诗，感悟诗句"遥望洞庭山水翠，白银盘里一青螺"诗人别出心裁的比喻后，巧妙引出唐代诗人雍陶的《题君山》中的名句"疑是水仙梳洗处，一螺青黛镜中心"，两首诗都运用丰富的想象和巧妙的比喻，写出了洞庭的宁静、和谐的景象。这两首巧妙地以"螺"作比，一首将皓月银辉下的山比成银盘中的青螺，另一首将倒映湖中的山比成仙女青黛色的螺髻。把名句拿出来让学生进行对比赏析，想象画面，会给他们留下深刻的印象。最后是拓展6句古诗名句。一是让学生迁移学诗的方法。二是领略诗人从不同角度写洞庭的山水的美。三是激发诵读经典兴趣，积累绝妙佳句。本节课设想做到三抓：①抓字眼：旨在明确诗的意思；②抓想象：旨在领悟诗的意境；③抓吟诵：旨在进一步升华情感，得到美的熏陶。

【教学目标】

1. 学会《望洞庭》诗中出现的生字，能结合注释理解词义。

2. 通过品读，想象《望洞庭》所描绘的画面，感悟意境，感受古诗的语言美、韵律美。

3. 在交流体会描写月夜洞庭的美景时，随机指导学生有感情地诵读，体会作者的情怀。背诵《望洞庭》。

4. 拓展吟诵洞庭美景的名句，达到深化和积累的目的。

【教学重难点】

教学重点：理解"两相和""白银盘"和"青螺"，想象诗人笔下的月夜洞庭水天一色的画面美，感悟诗境。

教学难点：想象诗人笔下的月夜洞庭水天一色的画面美，感悟诗境。

【教学过程】

（一）复习旧知，引入新题

"飞流直下三千尺，疑是银河落九天"是李白眼中的水；"欲把西湖比西子，淡妆浓抹总相宜"是苏轼笔下的水。祖国的山山水水，从古到今不知吸引了多少文人墨客，他们写下了许多美诗佳句。今天我们随唐代大诗人刘禹锡去感受一处山水。（板书《望洞庭》，指导书写"庭"。）

（二）读准古诗，整体感知

1. 教师配乐范读古诗，提出倾听的要求。

2. 学生自由读诗，并提出每次读的要求。

3. 指名读诗。

（教师通过评价引导学生，从读准字音到字正腔圆，从读出节奏到读出韵味，逐步提升读的质量。）

4. 谁能说说刘禹锡带我们看的是哪里的山水？从"望"字你还想到什么？

（三）品读诗句，感悟诗境

1. 自主合作学习，理解诗意

（1）读古诗，结合注释和插图，想想诗句的意思，这洞庭湖的水是怎样的水？湖周围的山是怎样的山？

（2）小组交流自己读懂的诗句。

（3）集体汇报：这洞庭湖的水是怎样的水？湖周围的山是怎样的山？

2. 抓诗眼想画面，感受意境

（1）学习前两句诗，感悟水天一色的"和"。

① "和"是什么意思？你从前两句诗中读懂了什么？

② 将诗句多读几次，想象画面，读到有所感悟时把你的手举起来。

③ 说说你想象的画面。

（引导学生用语言描述想象中的美，如感受银色的光辉洒在湖面、朦胧的月光。总体感觉：空灵、缥缈、温柔、宁静、水天一色、和谐。）

④ 根据学生回答相机引导学生读好诗句。

师：用你的朗读来表达你的感受。

师：秋月的清辉静静地洒在湖面，洞庭湖水雾迷蒙，是那么宁静。

师：湖面好像披上了一层薄薄的轻纱，水天一色，是那么温柔，一起来读这样的美……

（2）学习后两句诗，感悟形色的"和"。

① 你从后两句诗中读懂了什么？

② "白银盘"指什么？"青螺"是指什么？颜色是什么？形状是什么？

③ 能说说你想象的画面吗？（引导感悟比喻用得形象、生动、巧妙。）

④ 相机引读诗句。

（如："洞庭山水，望去如同一只精致剔透的银盘里放了一颗小巧玲珑的青螺，色调淡雅，银盘与青螺互相映衬，多美啊！我们一边想象一边读。你想象到什么？"教师指名说。）

⑤ 末句改为"君山好像一青螺"好像更清楚，这样改行吗？

（通过品味，推敲诗人的用词来感受诗句的凝练和意境。）

（3）拓展诗句，感悟诗境。

① 投影出雍陶的《题君山》后两句"疑是水仙梳洗处，一螺青黛镜中心"。

②学生自读，感悟诗意，品味语言的形象生动。

③ 集体交流。（领略君山倒映在洞庭湖中的妩媚姿态，美如仙女，楚楚动人。）

④ 相机指导读好诗句。

（4）配乐朗读《望洞庭》。

（5）交流诗人创作背景，体会诗人宽广、豁达的胸怀。

（交流八百里洞庭在诗人的眼中是怎样的。）

（6）背诵古诗。

（四）欣赏名句，积累名句

自古人称"洞庭天下水"。许许多多有名的诗人，像李白、杜甫、孟浩然都慕名而去，写下了不少经典名篇，传诵至今。我们一起来欣赏。还记得我们学习《望洞庭》是用什么方法学习的？

1.出示描写洞庭湖的古诗名句（共6句），提出学习要求。

（1）学生选择自己喜欢的诗句，反复读，揣摩诗句的意思，品味诗句的妙趣。

（2）同桌或小组交流读后的感受。

2.集体交流感受。选择一两句古诗名句，交流自己的感受。采用指名讲、同学补充、读中感悟等形式品读诗句。

3.学生背诵自己喜欢的古诗名句。

（五）总结

（略）

（六）作业布置

背诵古诗名句，默写《望洞庭》。

【板书设计】

$$
\text{望洞庭} \left\{ \begin{array}{l} \text{湖光} \\[1em] \text{秋月} \end{array} \right\} \text{和（柔）}
$$

（本节录像课在2008年获得全国第二届经典诗文教学录像课例评比二等奖。）

创设情境，内化语言

《海底世界》教学设计

【教材分析】

《海底世界》是统编教材三年级下册第六单元的讲读课文，这是一篇科普知识性课文，课文通过生动有趣的语言，介绍了海底景色奇异和物产丰富。学习这篇课文，一是让学生了解海底是个怎样的世界，感受自然的神奇和伟大；二是让学生在美的享受中，产生了解自然、探索自然的兴趣；三是学习作者把海底动物种类多、活动方式有趣写具体的写作方法。课文共有7个自然段，第1自然段提出问题，点明了要讲的是"大海深处"的情况；第2～6自然段紧扣第1自然段提出的问题，具体而生动地描述了海底的景象；最后一个自然段是全文的总结，指出"海底真是个景色奇异物产丰富的世界"。

【教学目标】

1. 认识本课16个生字，学会其中的14个。能正确读写"依然、是否、窃窃私语、贝类、普通、免费、旅行、显微镜、金属、奇异、物产丰富"等词语。

2. 有感情地朗读课文。背诵自己喜欢的段落。摘抄自己认为写得好的句子。

3. 了解海底是什么样的地方，激发热爱自然、探索自然的兴趣。

【教学重难点】

教学重点：了解海底景色奇异和物产丰富的特点。

教学难点：学习作者怎样把海底动物种类多、活动有趣写具体。

【教学准备】

多媒体课件、投影仪。

【课时安排】

课时安排：2课时。

【教学过程】

——第一课时——

（一）谈话激趣，导入新课

1. 交流自己搜集的有关海洋方面的资料。

2. 课件展示海底景色。

（二）初读课文，整体感知

1. 自由朗读课文。要求读准生字的读音，把课文读通顺，自己觉得难读的地方多读几遍。

2. 检查自学情况：

（1）"开火车"认读生字，针对地方音，重点读好翘舌音。

（2）组内同学合作，检查、纠正生字的读音。

（3）接读课文，检查读课文情况。

3. 用自己喜欢的方式再读课文，要求如下：

（1）从课文中找出一句话概括地回答课文开头提出的问题。

（2）哪几个自然段具体写了景色奇异？哪几个自然段具体写了物产

丰富？

（三）指导识记、书写生字

1. 识记生字，鼓励学生采用加一加、编顺口溜、联系生活等方法识记生字。

2. 指导书写生字。（引导学生观察本课生字的书写规律：本课左右结构的生字都要写得左窄右宽。）

（范写两个易错、难写的字，写完后互相评星，四个字都写得好评四颗星，依次类推。评完后展示书写，说出评价理由。还想写得更好可以擦掉再写一次。）

（四）默读课文，小组内互相质疑

1. 默读课文，在不明白的地方画上"？"。

2. 小组同学就自己不明白的问题互相质疑，相互讨论。

■■■■ 第二课时 ■■■■

（一）复习导入

1. 齐读生词。

2. 这篇课文主要写什么内容？

（二）质疑

读了课文后，你还有不懂的地方吗？

（三）抓主线，精读课文

1. 用自己喜欢的方式读课文第2～6自然段，画出能体现海底景色奇异和物产丰富的有关的句子。读一读，想一想，怎样读好这些句子？

2. 小组内读议能体现海底景色奇异和物产丰富的有关句子。

3. 汇报：海底哪些景色让你感受到奇异？

（1）品读相关的句子，引导学生结合生活感受体会"闪烁"。

（结合学生的交流，让学生在读中感悟海底动中有静、暗中有光、静中有声等海底世界的奇异景象。读悟句子"海面上波涛澎湃的时候，海底依然很宁静"。"你能把海底景色奇异的感觉读出来吗？"指名读后教师评价，"谁能比他读得更好？"读后鼓励学生评，"谁还想读？"指名读后师生共同评议："他读得好在哪里？"）

（2）利用多媒体，让学生听海底的动物发出的各种各样的声音，体会"窃窃私语"的意思，指导朗读这个句子。

（3）说话练习：除了这些，我们还听到哪些声音，它们像什么？回忆一下看过的视频，用"有的像＿＿＿＿＿＿，有的像＿＿＿＿＿＿＿，有的还好像＿＿＿＿＿＿＿"说一句完整的话。

4. 海底的物产丰富，从哪里看出来？（让学生上黑板板书。）

学生评价板书，结合学生的交流汇报，让学生边读边想象画面，体会海底物产的丰富。

5. 小组讨论：作者是怎样把海底动物种类多、活动方式有趣写具体的？

6. 各小组选代表发表本组的想法。

（根据学生的观点，引导他们抓住重点句子，体会作者把海底动物种类多和活动方式有趣写具体、写生动的方法，如第一句是通过列举具体数据的方法写出动物种类多。指导学生读出趣味。）

（四）积累语言

引导学生尝试把自己喜欢的句子或段落背下来。

（五）语言练习

课件展示：百灵鸟报告招聘导游的消息。

1. 从"海底景色奇异"和"物产丰富"中任选其一，参考课件及资料卡片，设计导游词，自己练说。

2. 小组内展示，评出最佳小导游。

（六）作业布置

1. 有感情地朗读课文，摘抄自己认为写得好的句子。

2. 介绍自己喜爱的一种动物的活动方式，可以运用具体描写，也可以用列数字和打比方的说明方法。

【板书设计】

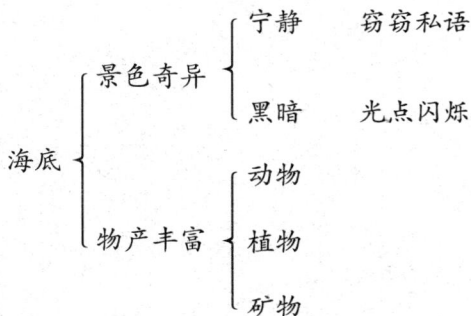

【课后点评】

广州市番禺区沙湾镇中心小学校长黄小平对本课例点评如下：

本教案根据教材的特点和学情来设计，体现了新课标的精神。在课堂上，教师组织学生进行听说读写的语言实践活动。并通过这些活动提高学生的语文素养。概括地说主要有以下几个方面的特点：

（1）摒弃烦琐的内容分析，以读为本，让学生通过各种形式地读，去品味课文的语言美。

（2）以学定教，顺学而导，力求发挥师生双方的主动性，教师教给学生一些学习方法，也鼓励他们采用适合自己的方法，主动地学习。同时，教师适时地点拨、引导、调控，使合作学习更加有效。

（3）充分利用教材，在积累课文语言的基础上，学生进行形式多样的语言实践活动。这样的语文课扎扎实实，学生学有所乐，学有所得。

（4）努力构建平等、合作、和谐的师生关系，努力转变"教"与"学"的方式，在自主合作探究学习方面进行了有益的尝试。

（本课例参加新秀评比现场教学，获一等奖。）

第四篇

"读写联动" 专项练习

因现有教材阅读与写作相结合的练习设计和写作方法的指导等资源提供有限，教材所呈现的阅读的文本与单元写作之间没有紧密结合。虽然近几年语文教学在工具性方面的确有所改观，在语文阅读课上，比较关注语言文字品读和运用，但是阅读教学大部分还是停留在理解层面，没有把阅读与写作紧密结合起来。本篇列举了一到六年级十二册教材中部分课文的"读写联动"练习设计，这些练习设计没有划分课时，可以在语文课堂教学中穿插进行。在实际教学中，可根据学情灵活处理，所有练习设计旨在提高学生读写的能力。

"读写联动"练习设计案例
（1~6年级）

　　为了清晰、准确把握各年级"写"的教学目标，我在搜集、查找各方面的文献，充分解读《义务教育语文课程标准（2011年版）》各学段的阅读教学和写作教学目标的基础上，根据不同学段的教材特点和习作（写话）的总体目标，对各学段在习作（写话）方面的目标做了具体描述，在此不赘述，请详见"小学语文读写联动教学策略研究"课题研究报告相关内容。

　　各学段"写"的目标清晰了，在语文阅读教学中，如何实施读写联动呢？这就关乎我们在阅读教学中怎样去设计读写联动练习。不同学段的阅读教学读写联动切入点不尽相同，如何切入，要根据各学段学生思维特点和教材的特点来进行。下面列举部分我们在阅读教学（包括一年级的汉语拼音教学）读写联动时的练习设计。

一年级练习设计

一年级上册

《a o e》

练习一：小朋友请看图，说说图上是什么时间，什么地方，谁在干什么。

练习二：老师教读儿歌：

大公鸡，o o 啼，我在河边勤练习，

张大嘴巴 a a a，引来白鹅做游戏，

小白鹅，e e 叫，连声问我"早上好！"

练习三：说说你还能用什么方法记住这些单韵母的音形？

编顺口溜：张大嘴巴 a a a，_____，_____。

练习四：你能结合日常生活用"带调"的 a、o、e 组词吗？

《g k h》

练习一：仔细看图，说说图上有谁，在干什么。

练习二：试编顺口溜：一只_____，两只_____，一把_____。

练习三：大挑战：用"小河、白鸽、蝌蚪、喝水"分别说一句话。

《j q x》

练习一：我能读好下面的儿歌，能把里面的拼音读准。（补充教材）

气　球

zhuàng rú xī guā　qīng sì é máo　bù shēng chì bǎng　fēi de lǎo gāo
状　　如西瓜，轻　似鹅毛。不　生　翅　膀，飞得老　高。

练习二：我可以仿照"洗衣服、搭积木"说出结构相同的词语。

洗＿＿＿＿　　喂＿＿＿＿　　打＿＿＿＿　　搭＿＿＿＿

《z c s》

练习一：小朋友，仔细观察，图上画了什么？他们在干什么？

练习二：怎么记住这三个声母的样子呢？把字母和图对照看，和同桌一起说说z、c、s的样子像什么。

例：c的样子很像<u>一个半圆</u>。

z的样子很像＿＿＿＿＿＿＿＿＿＿。s的样子很像＿＿＿＿＿＿＿＿＿＿。

练习三：你能编一句顺口溜，记住这几个拼音宝宝吗？例：瓜子瓜子z z z。

　　　语文课程必须根据学生身心发展和语文学习的特点关注学生的个体差异和不同的学习需求，爱护学生的好奇心、求知欲，充分激发学生的主动意识和进取精神。一年级拼音部分的学习是比较枯燥的，孩子们在幼儿园基本都是活动，刚入学的孩子，一下要上四十分钟的课，很不容易的，注意力难以集中。但如果把拼音的学习与同伴交流、看图说话、生活情景等联系起来，那上课就和玩一样有趣。以上练习，有意识地把拼音的学习与字、词、句结合起来，渗透语言的学习，让孩子们意识到学习拼音的作用。就这样，语言的学习在不知不觉中进行了。

《操场上》

练习一：你平时喜欢哪项体育运动？

我喜欢＿＿＿＿＿＿＿＿＿＿＿＿＿＿＿＿＿。

练习二：好多有趣的词语藏在信封里，请小组同学一起动脑给这些词语分类。

练习三：看视频，说说操场上的小朋友在做什么。

操场上，有的同学在＿＿＿＿＿，有的同学在＿＿＿＿＿，还有的同学在＿＿＿＿＿。

练习四：用"有的……有的……还有的……"说一句话，要说清楚地点。

《四季》

练习一：你们知道图片上是些什么花吗？在什么季节开放？

练习二：请看图，你最喜欢哪个季节，为什么？（注意说完整的句子。）

练习三：我能仿照课文片段编几句儿歌。

＿＿＿＿＿，他对＿＿＿＿说："我是＿＿＿＿天。"

＿＿＿＿＿，他对＿＿＿＿说："我是＿＿＿＿天。"

《哪座房子最漂亮》

练习一：观察图上的画，你认为哪座房子最漂亮？为什么？

我认为＿＿＿＿＿＿＿＿＿＿＿，因为＿＿＿＿＿＿＿＿＿＿＿。

练习二：请画出自己想象中的"漂亮的小学堂"，并用几句话向大家介绍一下。

＿＿＿＿＿＿＿＿＿＿＿＿＿＿＿＿＿＿＿＿＿＿＿＿＿＿＿＿

＿＿＿＿＿＿＿＿＿＿＿＿＿＿＿＿＿＿＿＿＿＿＿＿＿＿＿＿

＿＿＿＿＿＿＿＿＿＿＿＿＿＿＿＿＿＿＿＿＿＿＿＿＿＿＿＿

一年级下册

《棉花姑娘》

练习一：找找课文中你最喜欢的词语画出来，说说你为什么喜欢它。

我喜欢的词语有＿＿＿＿＿＿＿，因为＿＿＿＿＿＿＿。

练习二：照样子，写句子。

例子：小树的叶子碧绿碧绿的。

1. 地里的棉花＿＿＿＿＿＿。　　2. 天上＿＿＿＿＿＿＿。

3. 田野＿＿＿＿＿＿＿。　　4. 路边＿＿＿＿＿＿＿。

练习三：棉花姑娘的病好了，当她再一次见到七星瓢虫的时候会说些什么?

《咕咚》

练习一：自己读课文，想一想课文中的"咕咚"是指什么，故事中出现了哪些动物，请用线画出来。

练习二：读野牛的问话，试着用"先问……再问……最后问……"的句式说说。

练习三：照样子写句子。

例：兔子一边跑一边叫："不好了，'咕咚'可怕极了！"

＿＿＿＿＿＿一边＿＿＿＿＿一边＿＿＿＿＿。

＿＿＿＿＿＿一边＿＿＿＿＿一边＿＿＿＿＿。

练习四：学完这个故事，说说你有什么收获，同桌说一说。

《小壁虎借尾巴》

练习一：我能用上"因为……所以……"说说小壁虎借尾巴的原因。

练习二：小壁虎是怎样向小鱼借尾巴的？请仔细看图，按"谁？在什么地方？干什么？"的顺序，用自己的话说说图的内容。

练习三：给下面的句子加标点。

1. 您把铅笔借给我用用行吗（   ）

2. 这棵树长出新叶子啦（   ）

3. 昨天你怎么没完成作业呢（   ）

4. 我画了个红红的太阳（   ）送给冬天（   ）

练习四：你还知道哪些动物的尾巴有什么用处吗？和同学一起说一说吧！

一年级学生比较感性、想象丰富、思维直观，他们在课堂上喜欢看图，喜欢交流，对周围以及生活中的事感兴趣。为此，在语文课堂学习中，我们巧妙创设情境，让学生以"看中说""读中想""猜字谜""编顺口溜"等形式，激发学习兴趣；以"读、说"为主线，穿插简单地写，循序渐进地进行语言和句式运用练习。

二年级练习设计

二年级上册

《我多想去看看》

练习一：北京城历史悠久，风景迷人，看到这么美的景色，你想说什么？

练习二：你能照样子，补充下面的句子吗？（不会写的字用拼音代替。）

例：当我很想去动物园玩的时候，我对妈妈说："我多想去动物园看看，我多想去动物园看看。"

当_____的时候，我对_____说："我多想去_____，我多想去_____。"

《雨点儿》

练习一：想象一下，雨点儿还是什么颜色的？说一说。

雨点儿是_____，大地_____，变得更美了。

练习二：读句子，完成练习。

雨点儿从云彩里飘落下来。

小松鼠从树上跳下来。

亮亮从屋里跑出去。

请用"从"字写一个句子。（不会写的字用拼音代替。）

_____（谁）从_____（哪里）_____（怎么样）。

《平平搭积木》

练习一：我会说：平平用积木搭了＿＿＿＿＿＿。平平搭的房子都是给＿＿＿＿＿＿住的。

练习二：照样子，写一写。

＿＿很高很高的　　　＿＿很热很热的　　　＿＿很＿＿很＿＿的

练习三：根据老师提供的图画说句子，用上下面的短语。

很白很白的云　　　　很绿很绿的小草

很红很红的花　　　　很大很大的风筝

《一次比一次有进步》

练习一：根据老师提供的图片，讲出蔬菜名称，并说说它们的样子。（同桌交流。）

练习二：燕子妈妈是怎样夸小燕子的？用你喜欢的符号在原文做记号。（简单批注。）

练习三：读读说说。

看看　　看一看　　说说　　　　＿＿＿＿　　比比　　　＿＿＿＿

读读　　＿＿＿＿　　听听　　　＿＿＿＿　　数数　　　＿＿＿＿

练习四：选择一种你最喜欢的蔬菜或水果，仔细观察，从形状、大小、颜色、味道等方面说说它的特点，并写下来，不会写的字可以用拼音代替。

_____

_____

_____

_____

二年级下册

《找春天》

练习一："脱掉""冲出""奔向"三个词语表达了小朋友_____心情。

练习二：联系生活说一说或用动作演一演下面几个词语的意思。

害羞· 躲躲藏藏 遮遮掩掩

练习三：仿写句子。

春天像个害羞的小姑娘，遮遮掩掩，躲躲藏藏。

秋天像_____。 _____像_____。

练习四：下面是一位小朋友观察春天的校园写下的一段话，看看这位同学写了哪些景物。把你观察到的春天景色，也用笔写出来吧！

欣赏美文片段：

春天来了，大地上的每一个角落都充满了春天的气息。校园里，到处都是春光明媚的景象。柳树抽出了细细的柳丝，上面点缀着淡黄色的嫩叶；小草带着泥土的芳香钻了出来，一丛丛，一簇簇，又嫩又绿。花儿也伸了伸懒腰，打了个哈欠，探出了小脑袋；小朋友们都脱掉了笨重的冬衣，换上了既轻便又鲜艳的春装；小鸟们从家里飞了出来，唱着动听的歌，告诉我们：春天来了！

_____

_____

_____

_____

《笋芽儿》

练习一：这篇课文，我喜欢的词语：_____

这篇课文，我喜欢的句子：_____

练习二：仿写句子：啊，多么明亮，多么美丽的世界呀！

_____，多么_____，多么_____！

练习三：想象"笋芽儿"钻出地面后，桃花、柳树、小燕子会说什么？

桃花红着脸对她说："_____。"

柳树摇着长辫子说："_____。"

小燕子叽叽喳喳地叫着："_____。"

《难忘的泼水节》

练习一：你从哪些地方感觉泼水节很热闹很欢乐的？在课文中画出来，同桌交流。（简单批注）

练习二：读下面的句子，请你认真观察一下本班的一位同学，说一说他的穿着，让大家猜一猜。

周总理身穿对襟白褂，咖啡色长裤，头上包着一条水红色头巾，笑容满面地来到人群中。

_____

_____

_____

练习三：和同桌说说自己参与或者看到人们过节日时的情景。

《北京亮起来了》

练习一：每当夜幕降临，整个北京城变成了灯的海洋，光的世界。你想象中"灯的海洋，光的世界"是怎样的？（集体交流）

练习二：请你从下面的词语中选择几个，描绘一下身边的夜景，地点可以是沙湾古镇、番禺或其他城市。（同桌交流后集体交流。）

夜幕降临　　华灯高照　　金碧辉煌　　灯光闪烁　　银光闪闪

光彩夺目　　绚丽多彩　　焕然一新　　从天而降

练习三：假如你带朋友一起去北京旅行，你当小导游，怎么介绍才能把北京迷人的夜景讲得特别吸引人？小组内说一说。

练习四：利用节假日游览沙湾古镇的夜景，并画一画，用一两句话介绍一下。

　　"读写联动"要从学生实际出发，要充分考虑学生心理与学习的需求，要注意课文与学生心理的距离，如低年级孩子处在具体形象思维阶段，适合图文结合，先说后写，在一定的情境下完成读写练习。以上的练习设计究竟在第几学时完成，要根据孩子们的具体情况和教学情况灵活进行。在课堂上练习"说写"和"读写"时，要给孩子们充足的时间，有练习，有反馈，有订正，才能扎实练好基本功。低年级开始让学生带着问题去读书，并拿起笔按要求圈圈、画画、点点，简单批注，培养孩子们认真读书、边读边思考的好习惯。

三年级练习设计

三年级上册

《风筝》

练习一：课文写了几个小伙伴在一起做风筝、＿＿＿＿、＿＿＿＿的事情。

练习二：作者是怎样把孩子们的心情变化写具体的？（在课文批注后小组交流。）

练习三：圈出下面文段中写人的动作的词语，和同桌一起演一演。

我们去放风筝。一个人用手托着，另一个人牵着线，站在远远的地方，说声"放"，那线一紧一松，风筝就凌空飞起，渐渐高过树梢了。牵线人飞快地跑起来。风筝越飞越高，在空中翩翩飞舞着，我们快活地喊叫着，在田野里拼命地奔跑。

练习四：你在六一儿童节时玩了许多游戏吧，如贴鼻子、盲人打球、吹蜡烛……写写自己玩游戏的过程，注意用上写人的动作的词语。

＿＿＿＿＿＿＿＿＿＿＿＿＿＿＿＿＿＿＿＿＿＿＿＿＿＿＿＿＿＿＿

＿＿＿＿＿＿＿＿＿＿＿＿＿＿＿＿＿＿＿＿＿＿＿＿＿＿＿＿＿＿＿

＿＿＿＿＿＿＿＿＿＿＿＿＿＿＿＿＿＿＿＿＿＿＿＿＿＿＿＿＿＿＿

＿＿＿＿＿＿＿＿＿＿＿＿＿＿＿＿＿＿＿＿＿＿＿＿＿＿＿＿＿＿＿

《花钟》

练习一：作者在描写花开的时候，写法很有趣，你最喜欢哪个句子，为什么？

练习二：找出课文中描写花开时动作的词语，说说这样写的好处。

练习三：在作者笔下，有的花在吹喇叭，有的花翩翩起舞，有的花伸了个懒腰，才刚刚起床。这些花就像我们小朋友一样可爱。这样有趣的写法，我也会写：_____

_____

_____

《富饶的西沙群岛》

练习一：形象的比喻会让句子生动起来，读起来富有画面感。结合自己在生活中的观察，选择下面其中一自然景观仿写。

海底的岩石上长着各种各样的珊瑚，有的像绽开的花朵，有的像分枝的鹿角。

天上的云_____

_____（总分结构）

山上的石头_____

_____（总分结构）

练习二：读下面的句子，说一说你想象中的画面。

鱼成群结队地在珊瑚丛中穿来穿去，好看极了。有的全部布满彩色的条纹；有的头上长着一簇红缨，好看极了；有的周身像插着好些扇子，游动的时候飘飘摇摇；有的眼睛圆溜溜的，身上长满了刺，鼓起气来像皮球一样圆。各种各样的鱼多得数不清。

练习三：仔细观察学校的鱼池，仿照课文中的文段写写学校鱼池的鱼。

三年级下册

《燕子》

练习一：读下面的句子，和同桌说一说，作者是按什么顺序写燕子的外形的？

一身乌黑光亮的**羽毛**，一对俊俏轻快的**翅膀**，加上剪刀似的**尾巴**，凑成了活泼机灵的小燕子。

练习二：仿照课文描写燕子外形的方法，按一定的顺序介绍一种小动物的外形特点。

_____

练习三：反复读句子，说说你想象中燕子的活动情景。

在微风中，在阳光中，燕子斜着身子在天空中掠过，唧唧地叫着，**有的**由这边的稻田上，一转眼飞到了那边的柳树下边；**有的**横掠过湖面，尾尖偶尔沾了一下水面，就看到波纹一圈一圈地荡漾开去。

练习四：观看老师提供的视频，用几句话说说视频中小狗的活动。

《翠鸟》

练习一：读句子，填空。

翠鸟的_____很美，作者是按_____的顺序来写的。

它的颜色非常鲜艳。头上的羽毛像橄榄色的头巾，绣满了翠绿色的花纹。背上的羽毛像浅绿色的外衣。腹部的羽毛像赤褐色的衬衫。它小巧玲珑，一双透亮灵活的眼睛下面，长着一张又尖又长的嘴。

练习二：观察视频中的鹦鹉，仿照上面的文段按顺序写一写这只鹦鹉的外形。（也可以写自己熟悉的动物的外形。）

《惊弓之鸟》

练习一：课文的叙述顺序是：先说事情_____，后讲事情_____。

练习二：默读课文，说说更羸一共说了几句话，你从他的话中知道了什么。

练习三：用"因为……所以……"这种句式说说更羸的推测。

练习四：人们在生活中什么时候用到"惊弓之鸟"这个词？

《太阳》

练习一：读句子，完成练习。

其实，太阳离我们约有1.5亿公里远。到太阳上去，如果步行，日夜不停地走，差不多要走3500年；就是坐飞机，也要飞二十几年。

我知道这是用了_____说明方法。我从中体会到_____。我能运用这种说明方法介绍自己熟悉的事物。

_____

_____

练习二：读句子，完成练习。

到太阳上去，如果步行，日夜不停地走，差不多要走3500年；就是坐飞机，也要飞二十几年。

我知道这是用_____和_____作比较。我从中体会到_____。

我也会用这种方法写句子：_____

_____

_____

练习三：读句子并体会表达方法。

1. 太阳会发光，会发热，是个大火球。

2. 太阳会发光，会发热。

第一句用了＿＿＿＿＿＿的说明方法。我也能写一句：

＿＿＿＿＿＿＿＿＿＿＿＿＿＿＿＿＿＿＿＿＿＿＿＿＿

＿＿＿＿＿＿＿＿＿＿＿＿＿＿＿＿＿＿＿＿＿＿＿＿＿

＿＿＿＿＿＿＿＿＿＿＿＿＿＿＿＿＿＿＿＿＿＿＿＿＿

　　《太阳》是一篇科学性说明文。学生在第二学段已经学习过不少说明性课文，如《蝙蝠和雷达》《蟋蟀的住宅》《纳米技术就在我们身边》，但这些课文的学习基本不涉及说明方法的学习，因此，本课说明方法的学习是新知。学习此文，要注意先让学生读通、读顺课文，可以运用思维导图的形式梳理本文的脉络，在充分感知的基础上去完成理解层面的学习。表达层面的学习要在完成理解层面之后，体会并总结作者运用列数字、作比较等说明方法的好处。例如，让学生体会采用列数字的说明方法能更清楚准确地说明事物的特点；厌上熟悉的事物去比较，能更容易给人留下清晰的印象。教学时，可以遁过一组句子的比较来体会说明方法，学生理解了、内化了说明方法，最后再尝试运用这些说明方法简单介绍事物。

四年级练习设计

四年级上册

《观潮》

练习一：读句子，完成练习。

《观潮》一文，作者是按照＿＿＿＿、＿＿＿＿、＿＿＿＿的顺序写的。

练习二：请你填空后，反复读一读，说说你想象到的画面。

（　　　），从远处传来隆隆的响声，好像闷雷滚动。……（　　　），响声越来越大，只见东边水天相接的地方出现了一条白线。……那条白线（　　　）向我们移来，（　　　）拉长、变粗，横贯江面。（　　　），只见白浪翻滚，形成一道两丈多高的水墙。（　　　），犹如千万匹白色战马齐头并进，浩浩荡荡地飞奔而来；那声音如同山崩地裂，好像大地都被震得颤动起来。

练习三：作者是按＿＿＿＿＿＿顺序写潮来时的情景的。

练习四：用上"远处＿＿＿＿＿＿近处＿＿＿＿＿＿"这种表达方法来写学校门口的大树或自己熟悉的一处景物。

＿＿＿＿＿＿＿＿＿＿＿＿＿＿＿＿＿＿＿＿＿＿＿＿＿＿＿＿＿＿

＿＿＿＿＿＿＿＿＿＿＿＿＿＿＿＿＿＿＿＿＿＿＿＿＿＿＿＿＿＿

＿＿＿＿＿＿＿＿＿＿＿＿＿＿＿＿＿＿＿＿＿＿＿＿＿＿＿＿＿＿

《火烧云》

练习一：读句子，完成练习。

课文是按_____顺序来写的。作者在写火烧云形状变化时，是按照"出现—（   ）—（   ）"的顺序来写的。

练习二：在作者笔下，火烧云的颜色真美啊！我也能仿写几个描写颜色的词。

练习三：摘录优美词句，并选择一两句背诵下来。

练习四：请你在上学或者放学时观察日出或者日落的情景，仿照课文的写作顺序和写作方法，把你看见的写出来。

《爬山虎的脚》

练习一：我喜欢课文中的这个句子：_____。
因为_____。

练习二：爬山虎是怎样一脚一脚地爬的？请在文中画出来，并动手演示。

练习三：读课文第3～5自然段，想象一下，假如你是爬山虎的"脚"，会怎么介绍自己呢？

爬山虎是植物界的攀爬高手，我就是长在爬山虎身上的脚，_____

_____。

《世界地图引出的发现》

练习一：用上"先、接着、然后、最后、于是"等词语说一说魏格纳发现大陆漂移说的过程。

_____

_____。

练习二：在小组内交流查阅到的有关大陆漂移学说的其他资料。

练习三：学习了课文，你有什么感受和启示？（集体交流）

练习四：在生活中，你有什么新的发现？把你的发现按一定的顺序写下来。

_____。

《白鹅》

练习一：读了课文，我知道这是一只_____白鹅。

练习二：找出文章里的中心句和过渡句，做上标记并说说其作用。

练习三：作者是怎样把白鹅"叫声"和"步态"写具体的？找出重点词句读一读，体会作者的写法。（在原文做批注）

练习四：填空并思考。

1. 厉声_____、_____叫嚣、_____大叫，我从这几个词句中体会到_____。

2. 鹅的步调_____，_____，颇像_____出场。

从这句话中我体会到_____。

练习五：请你试着用总分的结构写一种你喜欢的动物的特点。（提示：叫声、步态、吃食、睡觉等，选一方面写一写。）

　　《白鹅》这篇课文重点表现了白鹅高傲的性格特点。作者采用总分的结构，开头先以"好一个高傲的动物！"一句总起句概括地写出了鹅的特点，继而以"鹅的高傲，更表现在叫声、步态和吃相中。"这一过渡统领全文，运用具体事例和描写来表现鹅的性格特点。教师在教学时，引导学生在读中感悟，体会作者对白鹅的喜爱之情的同时，着重感悟作者用词的生动形象、语言的幽默风趣以及对比、拟人等表达方法。学生在阅读中吸收、内化后，在脑中形成一定的结构图式和表达图式后再去练习巩固，读写联动就顺理成章。

《白公鹅》

练习一：仔细读课文，画出课文中写得特别有意思的地方并做批注。

练习二：丰子恺先生笔下的白鹅"架子十足"、高傲而可爱。叶·诺索夫是怎样描写白鹅的？（自学后交流。）

练习三：同是写"鹅"，丰子恺和叶·诺索夫的文章，其内容以及写法上有什么异同？（批注后集体交流。）

练习四：课文运用大量幽默的拟人手法来描写白公鹅，请你也运用拟人手法写一种动物或植物。

《白公鹅》虽然是一篇略读课文，但作者运用形象生动的比喻、拟人和有趣的反语等写作方法，使"白公鹅"显得更加鲜活，更加与人亲近了。本课是在学生学习了精读课文《白鹅》的基础上进行教学的。教学中，要引导学生运用在《白鹅》中学到的阅读方法自主学习本文，体会不同作家写同一种动物的不同方式，以及各自的语言特点，拓宽阅读视野，丰富语言积累，提高阅读和写作能力。

《猫》

练习一：本文是按什么顺序写的？老舍笔下的猫有哪些特点？

练习二：作者是怎样把猫的特点写具体的？（批注后交流。）

练习三：同是写"猫"，比较一下老舍、周而复和夏丏尊三位作家写的文段，有什么异同？（小组学习后集体交流。）

练习四：作者用"说它……吧，可是……"句式来表达对稀奇古怪的猫的喜爱之情，请你模仿这一写法，写写自己熟悉的小动物。

_____

_____

《颐和园》

练习一：作者清楚地告诉我们他游颐和园的游览顺序，请你填一填。

1.（　　　）颐和园的大门，（　　　）大殿，就（　　　）有名的长廊。

2.（　　　）长廊，就（　　　）了万寿山脚下。

3.（　　　）万寿山，站在佛香阁的前面向下望……

4.（　　　），就是昆明湖。

练习二：仿照作者的写法来写写自己游览过的景点，记得要按游览的顺序写。

练习三：摘录写游览顺序的句子和文中优美的词语，并选择一两句背诵下来。

四年级下册

《桂林山水》

练习一：读下面的句子，完成练习。

漓江水有＿＿＿＿＿＿的特点，请你仿照作者的描写手法，写写校园里的花。

漓江的水真静啊，静得让你感觉不到它在流动；漓江的水真清啊，清得可以看见江底的沙石；漓江的水真绿啊，绿得仿佛那是一块无瑕的翡翠。

校园里的花＿＿＿＿＿＿，＿＿＿＿＿＿得＿＿＿＿＿＿；校园里的花＿＿＿＿＿＿，＿＿＿＿＿＿得＿＿＿＿＿＿；校园里的

花_____，_____得_____。

练习二：桂林的山的特点是"奇"，想一想作者是怎样写出山的特点的。请你也仿照作者的写法，写一处景物。

桂林的山真奇啊，一座座拔地而起，各不相连，像老人，像巨象，像骆驼，奇峰罗列，形态万千。

① 火烧云_____，像_____，像_____，
像_____。

② _____，像_____，像_____，
像_____，_____。

《记金华的双龙洞》

练习一：作者游览的顺序是：（路上）—（　　　）—（　　　）—（　　　）—（出洞）。

练习二：作者是怎样把从"外洞"进入"内洞"这个过程写清楚的？（做批注后集体交流）

练习三：作者不但写出了内洞的"窄小"这个特点，而且把进内洞的感受写得很具体。回忆一下自己游览过的一处景物，写一写自己的感受。

_____

_____

_____

练习四：我们随叶老游览了双龙洞，再回头浏览课文，说说作者介绍最详细的是哪个地方，为什么这样选材。

《七月的天山》

练习一：七月天山的雪水、森林和野花给你留下怎样的印象？选择你喜欢的文段读一读，和同桌说说你想象到的画面。

练习二：摘录课文中优美的词句。

练习三：仿照课文中写"野花"的文段，写一种景物。

《和我们一样享受春天》

练习一：仿照第1～4小节的写法，写一小节诗，表达你对战争的控诉、对和平的渴望。

练习二：作者抓住自然界人们熟知的景物，将其中原有的美好与现在被破坏的景象放在一起写，这种写法叫_____，作者这样写，让你感到_____。

《乡下人家》

练习一：默读课文，画出文章的中心句。概括出乡下人家的生活场景并做批注，如场景1：瓜藤攀檐。

练习二：默读课文，画出文中的优美词句，在小组内说说这样写好在哪里。

练习三：乡下人家的冬天是一道怎样的风景？作者没有写，请你写一写，写好后放在文中读一读，看是否与作者表达的情感和文意契合。

练习四：摘录课文中的好句，并背诵一两句。

五年级练习设计

五年级上册

《窃读记》

练习一：读第3自然段，说说你从中体会到了什么，描述一下自己想象的当时"我"找书的样子。（关注动作和心理描写。）

练习二：默读课文，画出描写"我"的动作和心理活动的句子，说说这样写的好处。

练习三：摘录描写传神的句子。

练习四：作者对自己的动作和心理描写极为传神，充分表达了自己对读书的酷爱。我能运用心理描写和动作描写，写自己一次阅读课外书（或者其他）的经历。

_____

_____

_____

《小桥流水人家》

练习一：作者对故乡_____景致久久不能忘怀。文章表达了作者_____思想感情。

练习二：默读课文，体会作者是怎样表达思乡之情的。（在句段旁作批注。）

练习三：画出作者写得好的句段并批注读后感受。

练习四：你家乡的哪些景物给你留下了美好的印象？选择家乡的一处景物写一段话，表达出你对它的喜爱或思念之情。

《鲸》

练习一：作者是怎样介绍鲸的特点的？思考后和同桌议一议。

练习二：读句子，填写说明方法。

1. 鲸的鼻孔长在脑袋顶上，呼气的时候浮出海面，从鼻孔喷出来的气形成一股水柱，就像花园里的喷泉一样。本句用的说明方法是_____。

2. 长须鲸刚生下来就有十多米长，七千公斤重，一天能长三十公斤到五十公斤，两三年就可以长成大鲸。本句用的说明方法是_____。

练习三：师生一起补充介绍课前收集的有关鲸的资料。学生选下面其中一个题目练习。

1. 为海洋馆写一段关于鲸的解说词。

2. 为了让鲸能被更多的人认识，请同学们借助手中的资料，选择自己喜欢的一种鲸，以鲸的口吻把自己介绍给大家，并且运用我们所学的列数字、打比方、作比较等说明方法。

《新型玻璃》

练习一：以"新型玻璃的自述"为题介绍自己喜欢的新型玻璃，注意把新型玻璃的特点、用途等用自己的语言叙述出来。（小组内完成）

练习二：请你为玻璃厂推销新型玻璃写几句广告词。

练习三：你还知道哪些新型玻璃？交流搜集的资料。

练习四：尝试设计一种新型玻璃，运用学过的说明方法介绍你设计的玻璃，然后四人小组把各自设计的几种玻璃用合适的过渡语串联起来，连成一篇文章。

《落花生》

练习一：读课文，完成填空练习。

课文以"落花生"为线索，按"种花生—（　　　　）—（　　　　）—（　　　　）"的顺序写的，来揭示做人的道理。学习了这篇文章，我发现了这篇课文的写作手法的秘密，就是_____。

练习二：作者由落花生领悟到了做人的道理。很多事物的某一特点都告诉我们很多道理，大家去观察，从你身边的事物中领悟到了什么？试着选择一种事物写一写。

《开国大典》

练习一：课文的场面描写很典型。课文记叙了四个场面，分别是：

_____

练习二：小组内说说作者是怎样把这么盛大的庆典活动描述清楚的？

练习三：运用本课学到的写场景的方法，选择下面的一个场景进行描写，也可以写自己熟悉的一个场景，如学校运动会、学校升旗仪式、早晨的市场等。

_____

五年级下册

《丝绸之路》

练习一：学习了本课，请你当导游，把丝绸之路的故事介绍给周围的人。

练习二：作者把汉代张骞的副使与安息国将军互赠礼物的场面描写得

细腻生动，人物的动作、语言、表情栩栩如生。仿照作者的写法，选择下面一个内容进行场面描写。

1. 春节亲戚之间串门拜年的场面。

2. 和父母或者朋友一起逛花市、买年货的场面。

_____

练习三：推荐阅读段万翰编著的《世界五千年》中有关"张骞出使西域"的故事。

《再见了，亲人》

练习一：文章通过_____这几个具体事例来表达志愿军战士与朝鲜人民之间那不是亲人却胜似亲人的感情。

练习二：读课文前三个自然段，归纳其写作方法并在文段旁边批注。

_____

练习三：从课文中选择一件志愿军战士为朝鲜人民所做的事，展开想象，仿照前三自然段的写法，把志愿军为朝鲜人民做的事写具体。

_____

（提示：课文前三自然段开头都是祈使句，表示恳求，体现了志愿军战士对朝鲜人民的关心、体贴之情。接下来都是写具体的事例，表达胜似亲人的感情。最后一句都是反问句，表达了更加肯定的意思和强烈的感情。这样的表达避免了平铺直叙，将中朝人民的深厚感情表达得淋漓尽致。）

《刷子李》

练习一：刷子李的高超技艺表现在哪儿？读课文，画出句子，并做批注。

练习二：小组内交流，说说曹小三的心理活动。

1. 当曹小三在师傅的黑衣上找不到一个芝麻大小的粉点时，心想……

2. 当曹小三在师傅裤子上发现一个黄豆大小的白点时，心想……

3. 当曹小三明白白点原来是师傅抽烟时烧的小洞时，心想……

练习三：读课文思考，作者是怎样描写刷子李的高超技艺的？（在原文批注）

练习四：细节描写对于塑造人物个性起到了重要的作用。作者在塑造"刷子李"这个人物形象的时候，就注重了细节描写。看老师提供的视频，视频中这位达人技艺高超表现在哪里？具体写一写。（提示：抓住人物动作的细节来描写。）

《自己的花是让别人看的》

练习一：德国人养花，自己的花是让别人看的，那别人眼中的花是什么样的？在文中画出来，大家边读边展开想象，说说你仿佛看到了什么。

练习二：我能抓住"花团锦簇、姹紫嫣红、花的海洋"等词语，从形态、颜色、数量上感受到花的美，并能详细地描写花的海洋。

练习三：说说你身边"人人为我，我为人人"的故事。

《威尼斯的小艇》

练习一：课文围绕小艇写了哪几方面的内容？

练习二：作者运用了哪些方法来写"威尼斯的小艇"？

练习三：对比《威尼斯》《威尼斯之夜》《威尼斯的小艇》这三篇文章，对威尼斯的描写，三位作家的表达方法有什么相似之处？

练习四：尝试运用文中的写作方法来写你熟悉的一处景物，最好能运用动静结合的手法。

《彩色的非洲》

练习一："非洲真是一个色彩斑斓的世界"表现在哪些方面？请用思维导图画出本文的结构。课文是用哪些语句把这五个方面连接起来的？在文中批注。

练习二：摘录体现非洲色彩斑斓的词句。

练习三：非洲给我们留下深刻的印象，课文中有哪些表达方法值得我们平时写作中学习和借鉴？

练习四：在我们身边也有让我们赞叹不已的美景，如小河边、公园、院子、奶奶的菜园……运用学习到的方法（先总写，后分写，最后再总写），来介绍一下你熟悉的一处美景。

练习五：介绍非洲或有关非洲风情与文化的手抄报、剪贴报。

六年级练习设计

六年级上册

《山雨》

练习一：课文是按什么顺序写的？请用思维导图画出文章结构。你最喜欢文章哪些地方，并在这些语句旁边写出自己的感受（做批注）。

练习二：作者是怎么来描绘色彩的？请你圈出所有修饰颜色的词语，圈出后小组交流。

练习三：作者是怎样细致观察、用心倾听山雨的？画出有关句子，体会作者蕴含的情感及语言表达的特色并批注。

练习四：画出文中写得好的句子或者文段，并说说好在哪里。

练习五：仿写：我眼中的＿＿＿＿＿＿＿＿＿＿＿＿＿＿＿＿＿＿＿＿＿

＿＿＿＿＿＿＿＿＿＿＿＿＿＿＿＿＿＿＿＿＿＿＿＿＿＿＿＿＿。

《穷人》

练习一：默读课文，说说桑娜和她丈夫给你留下了什么样的印象，你是从作者的哪些描写中感受到的，画出相关的语句，在旁边批注。

练习二：作家托尔斯泰是怎样表达人物特点的呢？怎样塑造人物形象的呢？批注后集体交流。

练习三：临死前的西蒙和准备回家的渔夫心里也是忐忑不安的。请你根据课文进行合理想象，学习本课的表达方法，选择一个内容进行心理描写。

《少年闰土》

练习一：说说课文讲了关于闰土的哪几件事，从中看出闰土是个怎样的孩子。

练习二：请你用自己的语言描述一下这幅画面。（提示：三十年过后，当"我"回忆起闰土，头脑中首先浮现出来的就是这幅画面。）

练习三：作者是运用哪些方法写人物特点的？批注后集体交流。

练习四：如果让你来写一位小伙伴，你会怎样写？小组内交流。

《金色的脚印》

练习一：文章为什么以"金色的脚印"为题？集体交流。

练习二：请根据自己的感受，展开合理的想象为下面的内容补写环境。

1._____。小狐狸孤零零地坐在窝里，仰起脖子嗥叫着。

2._____。小狐狸一家幸福地奔向密林深处。

3._____。丈夫出海未归，桑娜感到心惊肉跳。

4._____。老妇人静静地欣赏着我的琴声。

练习三：正太郎被老狐狸救醒后会怎么做？请你写下来。（提示：学习课文的表达方法，通过人物的神态、动作、语言表达人物的性格、情感。）

练习四：学生在小组内交流收集到的人与动物相处的故事。

《我的舞台》

练习一：读读第1自然段和最后一个自然段，想一想它们在文中的作用是什么，他们之间有什么关系。（默读课文并写批注。）

练习二：这篇课文是围绕哪句话来写的？围绕这句话，作者从哪几个阶段叙述了自己与舞台的不解之缘。（批注后集体交流。）

练习三：课文中还有好多语句写得风趣幽默，请同学们找出来读一读。

练习四：读文段，尝试仿写一段话。

全家人都惊讶地发现，我这个被宠坏了的小公主，不知从哪儿来了一股狠劲儿。六岁的小女孩柔弱的身体成了黑脸大汉手中的一块生面团，翻过来、［搠］过去、立起来、横过去，抻、拉、压、拽，为所欲为，奶奶看不过我被整得满脸的泪水和汗水，每次都目不忍视地躲到里屋。我自己倒从没叫过苦、喊过疼——让观众看我哭哭啼啼地演戏，像什么话呀？

上面的文段是作者的经历，如此艰辛的经历，在作者的笔下却充满了轻松、快乐与风趣。这些都源于作者对生活、对生命积极乐观的人生态度。我们也可以试着用课文中这样轻松幽默的表达方法写一段话：

运动会的时候摔伤了——＿＿＿＿＿＿＿＿＿＿＿＿

＿＿＿＿＿＿＿＿＿＿＿＿＿＿＿＿＿＿＿＿＿＿＿＿＿＿＿＿＿

这次考试失败了——＿＿＿＿＿＿＿＿＿＿＿＿＿＿＿＿

＿＿＿＿＿＿＿＿＿＿＿＿＿＿＿＿＿＿＿＿＿＿＿＿＿＿＿＿＿

＿＿＿＿＿＿＿＿＿＿＿＿＿＿＿＿＿＿＿＿＿＿＿＿＿＿＿＿＿

六年级下册

《匆匆》

练习一：请根据以下句式的特点，仿写句子。

燕子去了，有再来的时候；杨柳枯了，有再青的时候；桃花谢了，有再开的时候。

_____

_____

练习二：在我们的生活中，时间也会从我们的身边不知不觉地溜走，请你仿照课文中排比句的写法，写一写。

_____的时候，日子从_____；_____的时候，日子从_____；_____的时候，日子从_____。

《顶碗少年》

练习一：找出课文中能体现"拼搏"的词句。想想为什么这些词句表现了少年的拼搏。（做批注后小组内交流。）

练习二：学习作者抓住人物动作描写、神态描写把事情写具体的写作方法，请你也用这种写法写一个你印象深刻的节目。

_____

_____

练习三：你在生活、学习中遇到过困难和失败时是怎么做的？学习了本文，你得到了什么启示？

_____

_____

练习四：搜集名人在失败中收获成功的故事，进行交流。

《十六年前的回忆》

练习一：读课文，找出与下面的句子相照应的句子，在文中画出来，并说说这样写的作用。

1. 1927年4月28日，我永远忘不了那一天。

2. 我蹲在旁边，看他把书和有字的纸片投到火炉里去。

3. 工友阎振三一早上街买东西，直到夜里还不见回来。

4.法官拿起惊堂木重重地在桌子上拍了一下。

5.4月6日的早晨，妹妹换上了新夹衣，母亲带她到娱乐场散步了。

练习二：课文最后三个自然段与开头有什么联系？你从这样的开头、结尾中体会到了什么？（读课文，并批注。）＿＿＿＿＿＿＿＿＿

《为人民服务》

练习一：默读课文，画出这篇文章的中心论点。作者运用了具体事例来论证自己的观点，分别是哪几个事例？（自读批注。）

练习二：小组内说说第3自然段的句与句是怎样连起来的。

练习三：作者运用"对比论证"和"例证法"论证自己的观点，说一说，从课文哪些地方可以看出来。

练习四：毛泽东提到李鼎铭先生就是为了说明"我们为人民的利益坚持好的，改正错的"的这个观点。读第1自然段，联系你知道的事例，说说这支队伍是怎样为人民服务的。

《为人民服务》是毛泽东于1944年9月8日在张思德同志追悼会上所作的演讲，是一篇演讲稿。按教材编排的目的：一是让小学生初步接触议论文，感受议论文的表达方式，为初中学习议论文打下一点儿基础；二是使学生受到革命人生观的启蒙教育。教学重点是厘清文章的思路，了解文章是怎样围绕中心论点论述的。教学本课的重点和难点是理解含义深刻的句子，以及复杂句子之间的关系。学生在通读全文后找出文章的中心论点，在学习过程中能在老师的引导下找到文中所用论据和论证方法。

《真理诞生于一百个问号之后》

练习一：文章是围绕哪句话来写的？请你画出来。作者运用了具体事例来论证自己的观点，分别用概括小标题的方式批注。

练习二：三个科学故事在内容和写法上有什么相同点？

_____

_____

练习三：作者运用三个具体事实说明了"真理诞生于一百个问号之后"的观点。我们也仿照课文的写法进行一次小练笔，用具体事实说明一个观点。比如，"功夫不负有心人""虚心使人进步，骄傲使人落后""团结就是力量"。

_____

_____

_____

　　学生听说读写能力是在这些实践中逐步形成的。以上列举的部分思考和练习设计，充分考虑到语文阅读教学中两个层面的教和学。通过读写联动，学生在语文阅读学习中积累的语言文字、习得的语言表达方法和结构图式有序地储存在学生大脑中，形成网络结构；通过读写联动，阅读与写作紧密结合起来，这不仅帮助学生更好地理解课文内容，还提高了学生的阅读能力与写作水平。

参 考 文 献

［1］中华人民共和国教育部.义务教育语文课程标准：2011年版［S］.北京：北京师范大学出版社，2011.

［2］皮连生.学与教的心理学［M］.上海：华东师范大学出版社，2003.

［3］朱作仁.语文教学心理学［M］.哈尔滨：黑龙江人民出版社，1984.

［4］丁有宽.丁有宽读写结合教学教例与经验［M］.北京：人民日报出版社，1996.

［5］吴忠豪.小学语文语言文字训练的探索［M］.上海：上海教育出版社，1998.

［6］吴忠豪.外国小学语文教学研究［M］.上海：上海教育出版社，2009.

［7］中央教育科学研究所.叶圣陶语文教育论集［M］.北京：教育科学出版社，1980.

［8］汪潮.读写结合的历史追溯［J］.小学语文教学.2002（3）：3.

［9］朱绍禹，庄文中.国际中小学课程教材比较研究丛书：本国语文卷［M］.北京：人民教育出版社，2001.

［10］张必隐.阅读心理学［M］.北京：北京师范大学出版社，1992.

［11］韩雪屏.语文教育的心理学原理［M］.上海：上海教育出版社，2001.

［12］朱建军.语文课程"读写结合"研究：理论、标准与实践［M］.北京：教育科学出版社，2013.

［13］王荣生.语文科课程论基础［M］.北京：教育科学出版社，2014.

［14］叶圣陶.怎样写好作文：叶圣陶谈语文教育［M］.杭州：浙江文艺出版社，2012.

［15］李诗群.小学语文习作教学现状研究及策略分析［D］.长春：东北师范大学，2009.

［16］周泓.小学生写作能力研究［D］.重庆：西南师范大学，2002.

［17］何克抗.基础教育跨越式发展创新实验（一）［J］.中小学信息技术教育，2005（11）：59-61.

［18］杨姣.小学语感教学存在的问题与策略［D］.岳阳：湖南理工学院，2019.

［19］张庆.阅读是学生的个性化行为［J］.小学语文教师，2001（11）：1-8.

［20］杨晓梅.采取有效途径 加强语感训练［J］.小学语文教师，2001（1）：37-40.

［21］韦伯.有效的学生评价［M］.国家基础教育课程改革"促进教师发展与学生成长的评价研究"项目组，译.北京：中国轻工业出版社，2003.

［22］周卫勇.走向发展性课程评价：谈新课程的评价改革［M］.北京：北京大学出版社，2002.

［23］林淑媛.发展性教学评价的理论与实践［EB/OL］.［2022-09-16］.https：//www.renrendoc.com/paper/221112116.html.

后 记

  本书是我多年来从事语文教学实践与经验的总结，其内容跨度达20多年。我理想中的语文教学是"有趣的语文，和美的课堂"，专注研究"读"中悟"写"、以"写"促"读"，实现工具性和人文性的统一。近十多年来，我曾主持和参与多项市、区级课题研究，负责学校语文教学方面国家级子课题的项目研究。主持广州市课题"小学语文读写联动教学策略研究"课题研究期间，自己一边学习一边实践，在学校每学期带头上两节课题研究展示课。近十多年来，我边实践边总结，先后发表论文7篇；曾获得广州市教学论文评比一等奖，教学设计评比二等奖。自己所上中小学衔接研讨课、课题汇报课和指导区域内老师上的课堂教学改革展示课，专项案例研究课等都获得专家以及同行的好评。作为广州市名教师工作室的主持人，指导本工作室教师参加广东省和广州市语文课堂教学比赛、教学设计评比都获得优异的成绩；三尺讲台一站就是30多个春秋。教学期间，喜欢和语文老师沉浸在语文教学研究中，在时间的长河里，因为总是在想办法解决课堂和学生出现的种种学习问题，不断看书学习，努力成长，所以没有感到寂寞。我认为语文学习既是传承祖国文化，也是表达自我的需要。语文课堂是美的享受，是和谐的交流，是情感的熏陶，是成长的乐园。

  本书体现了自己从事语文教学的一些思想，其中课题、论文、教学设计等是在学习专业理论和前辈的教学经验的基础上，对科研课题研究中的点滴思考与总结。我能出这本书，感谢沙湾中心小学原校长黄小平一直以来的引领和鼓励；感谢广州市教育研究院原副院长、正高级研究员傅荣院长提供书稿整理建议；感谢学校以及上级领导的支持；感谢本校语文科组老师的协助，感谢曾经参与本人课题研究的德贤小学老师的支持！